Ines Lehmann

Rechnen

D1730711

Stam 6592.

www.stam.de

Stam Verlag
Fuggerstraße 7 · 51149 Köln

ISBN 3-8237-**6592**-2

Inhaltsverzeichnis

I Grundrechenarten

Folgende Grundrechenarten bilden die Grundlage der Mathematik:

Addition:	**Summand + Summand = Summe**	
Subtraktion:	**Minuend – Subtrahend = Differenz**	
Multiplikation:	**Faktor · Faktor = Produkt**	
Division:	**Dividend : Divisor = Quotient**	

Regel

1.1 Anwendungsaufgaben zum Kopfrechnen

1. Bilden Sie im Kopf die Summe.

   a) 36 und 18
   b) 29 und 84
   c) 319 und 111

   d) 36 und 127
   e) 288 und 22
   f) 69 und 34

   g) 77 und 143
   h) 86 und 214
   j) 72 und 98

2. Addieren Sie die Summanden.

   a) 37 und 49
   b) 28 und 12
   c) 11 und 18

   d) 54 und 19
   e) 9 und 21
   f) 78 und 45

   g) 103 und 210
   h) 214 und 60
   j) 38 und 135

3. Errechnen Sie die Summe.

   a) 1 270 + 1 400
   b) 2 450 + 1 450
   c) 1 800 + 1 200

   d) 5 210 + 3 240
   e) 800 + 1 210
   f) 4 500 + 4 500

   g) 12 300 + 500
   h) 13 400 + 450
   j) 20 550 + 330

4. Bilden Sie im Kopf die Differenz.

   a) 39 und 18
   b) 109 und 61
   c) 807 und 302

   d) 71 und 59
   e) 149 und 48
   f) 799 und 608

   g) 83 und 65
   h) 199 und 93
   j) 280 und 51

5. Subtrahieren Sie im Kopf.

   a) 17 von 25
   b) 28 von 32
   c) 87 von 93
   d) 45 von 45

   e) 99 von 110
   f) 39 von 86
   g) 45 von 240
   h) 48 von 93

   j) 87 von 130
   k) 45 von 95
   l) 29 von 138
   m) 48 von 97

6. Rechnen Sie mit Zeitbegrenzung. (Hohes Tempo!)

a) 8 · 8	e) 8 · 5	j) 7 · 7	n) 8 · 6
b) 9 · 5	f) 7 · 9	k) 8 · 9	o) 7 · 5
c) 4 · 7	g) 7 · 8	l) 6 · 5	p) 8 · 8
d) 9 · 6	h) 9 · 9	m) 4 · 8	q) 6 · 7

7. Errechnen Sie das Produkt im Kopf.

a) 12 · 5	e) 11 · 6	j) 16 · 6	n) 18 · 5
b) 13 · 3	f) 13 · 2	k) 13 · 8	o) 16 · 7
c) 14 · 6	g) 15 · 4	l) 19 · 4	p) 13 · 7
d) 18 · 4	h) 19 · 5	m) 12 · 7	q) 17 · 4

8. Bestimmen Sie den Quotienten im Kopf.

a) 218 : 2	d) 450 : 3	g) 120 : 6
b) 428 : 4	e) 96 : 6	h) 225 : 9
c) 56 : 2	f) 210 : 7	j) 85 : 5

9. Dividieren Sie im Kopf.

a) 180 : 2	e) 180 : 4	j) 720 : 10
b) 318 : 3	f) 750 : 3	k) 360 : 4
c) 250 : 2	g) 210 : 3	l) 300 : 5
d) 570 : 10	h) 190 : 2	m) 450 : 9

1.2 Anwendungsaufgaben zum schriftlichen Üben der Grundrechenarten

1. Schreiben Sie untereinander und ermitteln Sie die Summe.

   a) 14 129; 81; 421; 5; 7 310; 517; 49; 517; 5 215
   b) 5; 17; 923; 44; 1 672; 9; 63; 12; 12 020
   c) 503; 402; 10; 1 040; 7 389; 617; 883
   d) 1 804; 748; 994; 9; 61; 5 043; 17; 8 894; 5; 18 654; 391

2. Finden Sie die größte Zahl und subtrahieren Sie davon alle anderen Zahlen.

   a) 1 712; 7; 89; 412; 18 349; 835; 12
   b) 2 372; 413; 78; 227; 418; 1 009
   c) 141; 19; 413; 18; 14 419; 832; 17

3. Multiplizieren Sie folgende Zahlen und zerlegen Sie dabei wie im Beispiel angegeben.

$15 \cdot 5 = 10 \cdot 5 + 5 \cdot 5 = 50 + 25 = 75$	**Beispiel**

a) $13 \cdot 5$
b) $14 \cdot 9$
c) $11 \cdot 7$
d) $15 \cdot 9$

e) $19 \cdot 8$
f) $18 \cdot 6$
g) $12 \cdot 9$
h) $16 \cdot 8$

j) $17 \cdot 4$
k) $14 \cdot 3$
l) $16 \cdot 4$
m) $19 \cdot 6$

4. Dividieren Sie die Aufgaben mit einstelligem Divisor.

a) $395 : 5$
b) $207 : 9$
c) $792 : 6$

d) $135 : 3$
e) $360 : 8$
f) $236 : 4$

g) $264 : 3$
h) $456 : 8$
j) $315 : 3$

k) $252 : 7$
l) $458 : 2$
m) $805 : 5$

5. Addieren Sie den Vorgänger und den Nachfolger folgender Zahlen.

a) 315
b) 498

c) $8\,999$
d) $1\,107$

e) $131\,400$
f) $400\,000$

g) $121\,000$
h) $999\,889$

6. Lösen Sie.

a) $189\,353 - 67\,769$
b) $137\,993 - 18\,367$
c) $88\,269 - 67\,853$

7. Lösen Sie und ordnen Sie die Ergebnisse der Größe nach.

a) $138 \cdot 2\,329$
b) $149 \cdot 1\,218$
c) $608 \cdot 919$

d) $38 \cdot 418$
e) $817 \cdot 4\,213$
f) $397 \cdot 78$

g) $309 \cdot 408$
h) $642 \cdot 8\,390$
j) $1\,239 \cdot 4\,869$

8. Dividieren Sie die Aufgaben mit zweistelligem Divisor.

a) $1\,960 : 20$
b) $11\,260 : 20$
c) $5\,395 : 13$

d) $700 : 14$
e) $2\,610 : 30$
f) $1\,620 : 12$

9. Schreiben Sie richtig untereinander und subtrahieren Sie.

a) $369\,738 - 5\,709 - 430 - 12$
b) $112\,319 - 19\,305 - 2 - 345 - 4\,569$
c) $8\,479 - 2\,030 - 18 - 314 - 5$
d) $17\,343 - 9 - 307 - 18 - 4\,371$
e) $183 - 83 - 50 - 50$

1.3 Verknüpfung von Grundrechenarten

 **Regel** Alle Grundrechenarten können miteinander verbunden werden. Dabei gelten folgende Regeln:

1. **Punktrechnung geht vor Strichrechnung**

2. **Rechenausdrücke, die in einer Klammer stehen, sind vor allen anderen Rechnungen zu lösen.**

Beispiel A: $3 \cdot 12 + 14 \cdot 2 = 36 + 28 = 64$
Beispiel B: $(4 + 17 \cdot 4) - 54 = (4 + 68) - 54 = 18$

1. Lösen Sie folgende Aufgaben.

a) $18 \cdot 4 - 50$
b) $12 \cdot 4 + 18$
c) $29 - 8 \cdot 3$
d) $(35 + 10) : 9$
e) $(10 - 5) \cdot 15$

f) $125 : 5 + 81$
g) $(145 - 55) : 3$
h) $120 + 70 - 80$
j) $9 + 16 \cdot 4$
k) $16 \cdot 3 : 2$

2. Lösen Sie folgende Aufgaben.

a) $26 + 24 \cdot 4$
b) $35 \cdot 3 - 40$
c) $85 - 35 : 5$
d) $270 : 2 + 100$
e) $320 - 70 \cdot 3$

f) $12 \cdot 5 : 3$
g) $180 - 60 + 120$
h) $15 + 70 \cdot 2$
j) $210 : 3 + 55$
k) $80 \cdot 3 - 40$

3. Rechnen Sie Aufgaben mit Klammern.

a) $180 - (90 : 3)$
b) $(100 + 5) : 3$
c) $(500 + 60) : 2$
d) $900 : (35 + 15)$
e) $(400 - 80) \cdot 2$
f) $210 : (35 + 40 - 5)$
g) $(33 : 11 + 410) \cdot 3$

h) $(360 + 40 : 2) : 2$
j) $1\,400 - (15 \cdot 3 + 210)$
k) $140 : 2 + 40 \cdot (18 - 10 : 2)$
l) $(18 + 59) \cdot 2 + 15$
m) $25 + (18 : 6 + 120)$
n) $512 \cdot (17 + 12 - 4)$
o) $90 : 30 + 18 \cdot 3$

4. Rechnen Sie Aufgaben mit zwei Klammern.

a) $(47 - 15 + 3 \cdot 2) + (19 \cdot 2 + 15)$
b) $(14 : 2 + 35 \cdot 3) - (12 + 12 : 2)$
c) $(120 + 30 : 2 - 100) \cdot (120 - 30 : 3)$

1.4 Rechnungen zur Anwendung der Fachbegriffe

Verknüpfte Grundrechenaufgaben können in kleinen Texten versteckt werden. Ersetzt man die Fachbegriffe durch die richtigen Rechenzeichen, werden die Aufgaben deutlich und können gelöst werden.

Bilden Sie das Produkt aus der Summe von 12 und 13 und der Differenz von 63 und 58.

Beispiel

Lösung: $(12 + 13) \cdot (63 - 58) = 25 \cdot 5 = 125$

1. Addieren Sie zur Summe der Zahlen 75 und 28 die Zahl 55.

2. Addieren Sie zur Zahl 120 die Summe der Zahlen 34 und 43.

3. Subtrahieren Sie die Summe der Zahlen 64 und 37 von der Zahl 120.

4. Addieren Sie zur Differenz der Zahlen 89 und 34 die Zahl 25.

5. Subtrahieren Sie von der Zahl 250 die Differenz der Zahlen 86 und 67.

6. Addieren Sie zur Differenz von 87 und 44 die Summe von 65 und 21.

7. Subtrahieren Sie von der Summe aus 78 und 122 die Differenz von 90 und 36.

8. Subtrahieren Sie vom Produkt aus 49 und 12 die Zahl 217.

9. Bilden Sie den Quotienten aus der Summe von 85 und 40 mit der Differenz von 138 und 133.

10. Bilden Sie die Summe aus dem Quotienten von 105 und 7 mit dem Quotienten aus 644 und 14.

11. Multiplizieren Sie das Produkt aus 49 und 18 mit der Differenz aus 169 und 54.

12. Dividieren Sie die Differenz von 1 200 und 245 durch die Summe der Zahlen 75 und 116.

13. Multiplizieren Sie den Quotienten der Zahlen 6 765 und 123 mit dem Produkt der Zahlen 13 und 21.

14. Bilden Sie die Summe aus der Differenz von 168 und 49, der Addition der Zahlen 214 und 68, dem Produkt von 13 und 5 sowie dem Quotienten von 180 und 12.

15. Der Dividend ist 8 370, der Quotient ist 18.

16. Die Differenz der Zahlen 17 und 4 ergibt den einen Faktor; die Summe der Zahlen 9 und 5 ergibt den anderen Faktor.

17. Finden Sie das Produkt aus 11 und 9, subtrahieren Sie davon das Produkt aus 8 und 7.

1.5 Quadratzahlen und Quadratwurzeln

 **Regel** Wenn eine Zahl mit sich selbst multipliziert wird, so erhält man als Produkt das Quadrat dieser Zahl. Für jede Zahl *a* kann die Rechenoperation *a · a* auch als a^2 dargestellt werden. Der mathematische Begriff für die hochgestellte Zahl ist der Exponent. Das Ziehen der Quadratwurzel ist die umgekehrte Rechenoperation zum Quadrieren.

1. Bilden Sie im Kopf das Quadrat der Zahlen 1 bis 10.

2. Bilden Sie im Kopf das Quadrat folgender Zahlen.

a) 4	f) 8	l) 6
b) 11	g) 14	m) 30
c) 9	h) 5	n) 3
d) 15	j) 20	o) 80
e) 40	k) 25	p) 70

3. Finden Sie die Quadratzahlen.

a) 3	e) 8	j) 4	n) 5	r) 9
b) 22	f) 35	k) 49	o) 67	s) 31
c) 451	g) 214	l) 178	p) 277	t) 199
d) 1 001	h) 1 215	m) 2 241	q) 2 954	u) 2 001

4. Lösen Sie folgende Aufgaben. Beachten Sie dabei, dass die Potenzrechnung Vorrang hat.

a) $174 + 12^2$	d) $18 \cdot 19^2$	g) $666 - 25^2$
b) $42^2 + 18^2$	e) $34^2 - 15^2$	h) $19^2 \cdot 11^2$
c) $(21 - 5 \cdot 3) \cdot 10^2$	f) $61^2 - (15 \cdot 4 + 15)$	j) $(15^2 - 14 \cdot 3) + 13^2$

5. Rechnen Sie.

a) $14,4^2$; $0,34^2$; $32,5^2$; $0,5^2$; $2,9^2$; $18,25^2$; $5,75^2$; $0,05^2$; $1,11^2$
b) $13,5^2$; $1,25^2$; $33,3^2$; $0,75^2$; $4,4^2$; $21,6^2$; $9,33^2$; $0,025^2$; $7,77^2$

6. Richtig oder falsch? Entscheiden Sie.

a) $18^2 = 432$	g) $9^2 = 83$	n) $23^2 = 529$
b) $13^2 = 169$	h) $7^2 = 49$	o) $11^2 = 121$
c) $29^2 = 814$	j) $5^2 = 26$	p) $32^2 = 1 024$
d) $40^2 = 1 600$	k) $3^2 = 9$	q) $35^2 = 1 522$
e) $12^2 = 122$	l) $6^2 = 36$	r) $31^2 = 961$
f) $49^2 = 2 104$	m) $8^2 = 65$	s) $15^2 = 215$

7. Ziehen Sie die Wurzel aus folgenden Quadraten:

   25; 81; 64; 9; 16; 100; 36; 49; 4

8. Ziehen Sie die Wurzel mithilfe des ETR (ETR = Elektronischer Taschen-rechner). Runden Sie die Ergebnisse wenn nötig auf zwei Stellen nach dem Komma. Als Rundungsregel gilt dabei: Die Zahlen 1 bis 4 nach dem Komma werden abgerundet, die Zahlen 5 bis 9 nach dem Komma aufge-rundet.

   $\sqrt{1505}$; $\sqrt{112}$; $\sqrt{0,25}$; $\sqrt{\dfrac{3}{4}}$; $\sqrt{1600}$; $\sqrt{0,09}$; $\sqrt{0,04}$; $\sqrt{50}$; $\sqrt{95}$; $\sqrt{375}$;

   $\sqrt{48}$; $\sqrt{0,95}$; $\sqrt{\dfrac{1}{2}}$; $\sqrt{\dfrac{1}{4}}$

9. Verfahren Sie wie in Aufgabe 8.
   a) $\sqrt{75+124}$ c) $\sqrt{1\,028-18}$ e) $\sqrt{81+81}$
   b) $\sqrt{324+58}$ d) $\sqrt{124-48}$ f) $\sqrt{778-578}$

10. Ziehen Sie aus folgenden Quadraten die Wurzel und ordnen Sie die Ergebnisse der Größe nach. Runden Sie wenn nötig auf zwei Stellen nach dem Komma.

    9, 15, 8, 117, 19, 81, 22, 202, 12, 33, 51, 75, 11, 17, 39, 2, 10

11. Jetzt wird die Wurzel ohne ETR gezogen. Bestimmen Sie zu jeder gefun-denen Zahl Vorgänger und Nachfolger.

    a) 144; 9; 64; 25
    b) 169; 121; 49; 36
    c) 4; 81; 100; 16

12. Berechnen Sie die Seitenlängen folgender Quadrate:

    a) $A = 10,56\ m^2$ d) $A = 0,25\ m^2$
    b) $A = 0,69\ cm^2$ e) $A = 2,25\ cm^2$
    c) $A = 5,76\ dm^2$ f) $A = 1,25\ dm^2$

13. Berechnen Sie für folgende Kreisflächen den Radius.

    a) $A = 28,27\ dm^2$ d) $A = 19,63\ cm^2$ g) $A = 0,79\ mm^2$
    b) $A = 32,17\ dm^2$ e) $A = 9,62\ cm^2$ h) $A = 26,42\ mm^2$
    c) $A = 50,27\ dm^2$ f) $A = 15,21\ cm^2$ j) $A = 40,72\ mm^2$

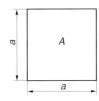

1.6 Systemaufgaben

1. Vier Auszubildende wollen gemeinsam in den Urlaub fahren. Die Reise kostet insgesamt 1 918,95 EUR. Auszubildender A hat 473,50 EUR, Auszubildender B 409,50 EUR, Auszubildender C 343,50 EUR und Auszubildender D 506,20 EUR. Wie viel Geld fehlt noch bzw. wie viel Geld ist zu viel?

2. Eine Familie hat monatlich verschiedene Einnahmequellen:

   Lohn des Vaters: 1 427,50 EUR
   Lohn der Mutter: 1 256,50 EUR
   Mieteinnahmen: 431,90 EUR
   Nebentätigkeiten: 159,30 EUR

   a) Über wie viel Geld verfügt die Familie monatlich?
   b) Wie viel kann die Familie sparen, wenn sich ihre Ausgaben auf
      1 763,55 EUR belaufen?

3. Lösen Sie die Gleichungen durch Subtraktion.

   a) $65 + ? = 112$ c) $? + 47 = 63$ e) $123 + ? = 224$
   b) $28 + ? = 135$ d) $? + 29 = 99$ f) $455 + ? = 900$

4. Lösen Sie.

 **Regel**   **Runde Klammern werden vor eckigen Klammern und eckige Klammern vor geschweiften Klammern aufgelöst!**

   a) $1\,200 + [100 + 19 - (18 : 2 + 12) + 15 \cdot 2]$
   b) $[300 : 2 - 25 \cdot 2 + (15 \cdot 4 - 15 \cdot 2) - 260] + 500$
   c) $900 - 400 + [150 \cdot 3 - 200 + (90 : 2 - 5 + 120 : 2) - 100 : 2]$
   d) $1\,000 + \{2 \cdot [15 + (18 + 4) : 2 + 109 - (25 - 5) : 2 + 23] - 40 \cdot 3 - 35\}$
   e) $20 + [49 - (19 \cdot 2 + 4)] \cdot [100 - (30 + 15 \cdot 2) - 20]$
   f) $43 + (7 \cdot 18 + 4 \cdot 17) \cdot 2$
   g) $11 \cdot 13 + 199 - \{181 - [42 + (66 - 33) - 60] + 61\} - 119$

5. Zahlenkombination, Ausgangspunkt ist die Zahl 421.

   a) Bestimmen Sie die Quadratzahl.
   b) Finden Sie den Vorgänger und den Nachfolger der entstandenen Quadratzahl.
   c) Addieren Sie nun die drei gefundenen Zahlen.

6. Ziehen Sie die Wurzel aus folgenden Quadratzahlen und runden Sie die Ergebnisse auf volle Hundertstel.

   a) 103 067,708 9   c) 11 683,534 57
   b) 9 188,564 449   d) 3 523,253 449

2 Bruchrechnung

Wiederholen Sie die Begriffe:

– **echter Bruch** $\left(\text{z. B.: } \dfrac{1}{2}, \dfrac{1}{4}\right)$

– **unechter Bruch** $\left(\text{z. B.: } \dfrac{15}{9}, \dfrac{65}{12}\right)$

– **gemischte Zahl** $\left(\text{z. B.: } 12\dfrac{1}{2}, \ 15\dfrac{1}{4}\right)$

– **Dezimalbruch** (z. B. 0,5; 1,25)

Üben Sie die Bruchrechnung mit dem ETR. Suchen Sie auf Ihrem Taschenrechner folgende Tasten d/c, a b/c, F><D und besprechen Sie deren Bedeutung mit Ihrem Fachlehrer bzw. Ihrer Fachlehrerin.

Achtung!

2.1 Berechnen und Zeichnen von Bruchteilen

1. Zeichnen Sie Rechtecke mit folgenden Maßen:

   a) Länge: 6 cm   Breite: 2 cm
   b) Länge: 4 cm   Breite: 3 cm
   c) Länge: 4 cm   Breite: 1 cm
   d) Länge: 3 cm   Breite: 2 cm

   Teilen Sie Ihre gezeichneten Rechtecke in Quadrate mit einer Seitenlänge von 1 cm ein und notieren Sie, wie viele Bruchteile entstanden sind.

2. Zeichnen Sie eine Strecke $\overline{AB}$ mit einer Länge von 10 cm. Zeichnen Sie dann $\dfrac{1}{2}, \dfrac{1}{5}, \dfrac{3}{4}$ dieser Strecke.

3. Zeichnen Sie eine 18 cm lange Strecke $\overline{AB}$. Tragen Sie auf dieser Strecke folgende Brüche ab: $\dfrac{1}{2}, \dfrac{1}{4}, \dfrac{1}{8}, \dfrac{3}{4}, \dfrac{1}{18}$.

4. Zeichnen Sie eine Strecke $\overline{AB} = 15$ cm. Zeichnen Sie parallel dazu folgende Bruchteile dieser Strecke: $\dfrac{1}{15}, \dfrac{5}{15}, \dfrac{1}{2}, \dfrac{1}{4}, \dfrac{1}{8}, \dfrac{3}{8}$.

5. Zeichnen Sie einen Kreis ($r = 4$ cm), ein Rechteck ($l = 4$ cm, $b = 2$ cm) und ein Quadrat ($l = 3$ cm). Teilen Sie die Flächen in Viertel ein.

6. Bestimmen Sie jeweils vom Ganzen ohne ETR.

Ganze	1/2	1/4	3/4
100			
2800			
98			
20			
50			
80			
120			
150			
30			

7. Bestimmen Sie die Bruchteile $\frac{1}{2}, \frac{1}{4}, 2\frac{1}{2}, 2\frac{1}{4}$. Notieren Sie die Endergebnisse als Bruch bzw. als gemischte Zahl.

a) 6 Brote

b) 10 Pfannkuchen

c) 15 Kuchen

d) 7 Brötchen

e) 14 Torten

f) 100 Eis am Stiel

8. Bestimmen Sie die Bruchteile mithilfe des ETRs.

a) $\frac{3}{7}$ von 602 m

b) $\frac{7}{9}$ von 891 m

c) $\frac{4}{7}$ von 140 m

d) $\frac{3}{6}$ von 318 m

e) $\frac{4}{5}$ von 455 m

f) $\frac{4}{6}$ von 312 m

g) $\frac{5}{9}$ von 441 m

h) $\frac{4}{5}$ von 270 m

j) $\frac{2}{3}$ von 192 m

k) $\frac{6}{8}$ von 112 m

l) $\frac{2}{3}$ von 141 m

m) $\frac{8}{9}$ von 580 m

9. Peter kauft sich eine neue Stereoanlage. Sie kostet 1 256,00 EUR. Er zahlt $\frac{3}{10}$ des Preises an. Wie viel EUR muss Peter sofort zahlen?

10. Die Kraftstoffanzeige eines Autos zeigt, dass noch $\frac{2}{3}$ des Tanks voll sind. Der Tank fasst 52 Liter Benzin. Wie viel km kann der Fahrer noch zurücklegen, wenn der Wagen für jeden gefahrenen Kilometer 0,07 l Benzin verbraucht?

2.2 Bruchrechnen mit dem ETR

Benutzen Sie beim Lösen aller folgenden Aufgaben die a b/c Taste zum Eingeben eines Bruches oder einer gemischten Zahl.

Beispiel

$\frac{3}{4}$ **Eingabe in den ETR: 3 a b/c 4**   **es erscheint:**   **3_4**

$2\frac{3}{4}$ **Eingabe in den ETR: 2 a b/c 3 a b/c 4**   **es erscheint:**   **2_3_4**

Beachten Sie, dass der ETR sinnvolle Umwandlungen in andere Brucharten automatisch vornimmt.

1. Addieren Sie die Brüche.

   a) $\frac{1}{4}+\frac{6}{5}$ d) $\frac{3}{8}+\frac{3}{4}$ g) $\frac{9}{4}+\frac{13}{4}$ k) $\frac{3}{3}+\frac{9}{7}$

   b) $\frac{3}{4}+\frac{1}{5}$ e) $\frac{18}{2}+\frac{11}{13}$ h) $\frac{3}{5}+\frac{7}{10}$ l) $\frac{2}{10}+\frac{18}{3}$

   c) $\frac{13}{56}+\frac{1}{9}$ f) $\frac{6}{7}+\frac{2}{5}$ j) $\frac{10}{5}+\frac{8}{10}$ m) $\frac{18}{9}+\frac{11}{7}$

2. Addieren Sie gemischte Zahlen.

   a) $1\frac{1}{8}+2\frac{3}{5}$ c) $2\frac{3}{10}+1\frac{9}{10}$ e) $12\frac{4}{5}+32\frac{4}{8}$ g) $11\frac{1}{5}+12\frac{1}{8}$

   b) $1\frac{4}{5}+1\frac{7}{9}$ d) $3\frac{1}{60}+4\frac{5}{12}$ f) $14\frac{6}{9}+17\frac{3}{6}$ h) $32\frac{4}{8}+21\frac{5}{7}$

3. Subtrahieren Sie die Brüche.

   a) $\frac{18}{4}-\frac{7}{9}$ d) $\frac{8}{4}-\frac{1}{2}$ g) $\frac{3}{4}-\frac{2}{3}$ k) $\frac{9}{2}-\frac{5}{7}$

   b) $\frac{11}{7}-\frac{6}{5}$ e) $\frac{13}{3}-\frac{9}{10}$ h) $\frac{9}{5}-\frac{1}{3}$ l) $\frac{20}{7}-\frac{9}{9}$

   c) $\frac{21}{7}-\frac{8}{10}$ f) $\frac{9}{2}-\frac{7}{6}$ j) $\frac{10}{5}-\frac{9}{10}$ m) $\frac{5}{2}-\frac{3}{4}$

4. Subtrahieren Sie.

   a) $1\,m-\frac{3}{10}\,m$ d) $4\,t-\frac{4}{8}\,t$ g) $7\frac{1}{2}\,t-1\frac{3}{4}\,t$

   b) $6\frac{1}{2}\,m-6\frac{1}{4}\,m$ e) $18\frac{3}{4}\,m-7\frac{1}{2}\,m$ h) $22\frac{1}{2}\,m-20\frac{3}{4}\,m$

   c) $\frac{66}{100}\,m-\frac{7}{100}\,m$ f) $\frac{3}{4}\,m-\frac{3}{4}\,m$ j) $4\frac{1}{4}\,m-3\frac{3}{4}\,m$

5. Multiplizieren Sie die Brüche.

a) $\dfrac{36}{42} \cdot \dfrac{16}{18}$ c) $\dfrac{32}{80} \cdot \dfrac{30}{45}$ e) $\dfrac{44}{55} \cdot \dfrac{49}{63}$ g) $\dfrac{3}{11} \cdot \dfrac{2}{25}$ j) $\dfrac{5}{12} \cdot \dfrac{2}{7}$

b) $2\dfrac{3}{4} \cdot \dfrac{18}{12}$ d) $31\dfrac{1}{2} \cdot \dfrac{15}{12}$ f) $3\dfrac{3}{6} \cdot 7\dfrac{4}{8}$ h) $\dfrac{135}{12} \cdot 17\dfrac{7}{8}$ k) $2\dfrac{3}{4} \cdot 4\dfrac{1}{2}$

6. Dividieren Sie die Brüche.

a) $\dfrac{3}{8} : \dfrac{4}{7}$ d) $\dfrac{7}{9} : \dfrac{2}{3}$ g) $\dfrac{11}{15} : \dfrac{9}{20}$ k) $\dfrac{15}{28} : \dfrac{5}{14}$ n) $\dfrac{10}{21} : \dfrac{2}{7}$

b) $3\dfrac{1}{4} : \dfrac{3}{8}$ e) $4\dfrac{1}{6} : 2\dfrac{2}{3}$ h) $4 : \dfrac{5}{8}$ l) $4\dfrac{1}{6} : 2\dfrac{1}{3}$ o) $3 : 2\dfrac{1}{5}$

c) $1\dfrac{1}{4} : 4$ f) $2\dfrac{5}{8} : 7$ j) $4\dfrac{3}{4} : 2\dfrac{1}{2}$ m) $5\dfrac{3}{9} : 6$ p) $10\dfrac{4}{5} : 9\dfrac{1}{3}$

2.3 Umwandeln von Brüchen mit dem ETR

1. Wandeln Sie in unechte Brüche um. (ETR: d/c)

a) $4\dfrac{5}{7}$ e) $17\dfrac{7}{8}$ j) $3\dfrac{3}{6}$ n) $96\dfrac{3}{8}$ r) $10\dfrac{9}{27}$

b) $12\dfrac{1}{2}$ f) $23\dfrac{3}{10}$ k) $7\dfrac{3}{4}$ o) $2\dfrac{2}{3}$ s) $9\dfrac{12}{36}$

c) $50\dfrac{3}{7}$ g) $215\dfrac{4}{5}$ l) $15\dfrac{1}{6}$ p) $8\dfrac{4}{2}$ t) $14\dfrac{3}{7}$

d) $108\dfrac{1}{3}$ h) $8\dfrac{3}{5}$ m) $65\dfrac{1}{7}$ q) $12\dfrac{6}{3}$ u) $46\dfrac{3}{4}$

2. Wandeln Sie in gemischte Zahlen um. (ETR: Bruch eingeben und =)

a) $\dfrac{4}{3}$ e) $\dfrac{317}{10}$ j) $\dfrac{122}{16}$ n) $\dfrac{307}{50}$

b) $\dfrac{25}{7}$ f) $\dfrac{3}{2}$ k) $\dfrac{523}{20}$ o) $\dfrac{107}{8}$

c) $\dfrac{135}{12}$ g) $\dfrac{49}{8}$ l) $\dfrac{9}{5}$ p) $\dfrac{607}{48}$

d) $\dfrac{145}{7}$ h) $\dfrac{101}{25}$ m) $\dfrac{79}{9}$ q) $\dfrac{81}{9}$

3. Wandeln Sie auch hier in gemischte Zahlen um.

a) $\dfrac{5}{7}\,t$ c) $\dfrac{13}{5}\,t$ e) $\dfrac{9}{5}\,t$ g) $\dfrac{17}{10}\,t$

b) $\dfrac{19}{10}\,t$ d) $\dfrac{7}{2}\,km$ f) $\dfrac{23}{2}\,km$ h) $\dfrac{21}{7}\,km$

j) $\dfrac{9}{8}$ kg l) $\dfrac{7}{8}$ kg n) $\dfrac{27}{8}$ kg p) $\dfrac{5}{4}$ kg

k) $\dfrac{10}{17}$ kg m) $15\dfrac{3}{4}$ kg o) $\dfrac{23}{10}$ t q) $\dfrac{19}{4}$ kg

4. Finden Sie die ganze Zahl. Beachten Sie dabei, dass der Bruchstrich auch ein Divisionszeichen ist.

a) $\dfrac{12}{3}$ d) $\dfrac{72}{36}$ g) $\dfrac{77}{11}$ k) $\dfrac{136}{17}$

b) $\dfrac{27}{9}$ e) $\dfrac{144}{12}$ h) $\dfrac{96}{6}$ l) $\dfrac{152}{19}$

c) $\dfrac{72}{8}$ f) $\dfrac{63}{7}$ j) $\dfrac{65}{13}$ m) $\dfrac{66}{11}$

5. Wandeln Sie die allgemeinen Brüche in Dezimalzahlen um.

a) $\dfrac{125}{25}$ e) $\dfrac{625}{45}$ j) $\dfrac{210}{18}$ n) $\dfrac{72}{8}$

b) $\dfrac{34}{12}$ f) $\dfrac{24}{12}$ k) $\dfrac{39}{7}$ o) $\dfrac{250}{10}$

c) $\dfrac{120}{10}$ g) $\dfrac{68}{21}$ l) $\dfrac{345}{16}$ p) $\dfrac{613}{112}$

d) $\dfrac{45}{12}$ h) $\dfrac{95}{30}$ m) $\dfrac{100}{50}$ q) $\dfrac{45}{9}$

2.4 Systemaufgaben

1. Lösen Sie folgende Aufgaben.

a) $7 \cdot \dfrac{4}{6} - \dfrac{1}{2} + 2$

g) $\left(3\dfrac{2}{7} + 5\dfrac{2}{5}\right) \cdot \dfrac{2}{6}$

b) $6 \cdot \dfrac{3}{4} + \dfrac{3}{8} \cdot 5$

h) $9\dfrac{2}{3} + \left(\dfrac{5}{6} \cdot \dfrac{3}{4}\right) - \dfrac{6}{7}$

c) $\left(6\dfrac{2}{5} + 2\dfrac{2}{3}\right) : \dfrac{4}{9}$

j) $\dfrac{5}{4} : \dfrac{9}{16} + 2\dfrac{2}{6}$

d) $\dfrac{4}{5} \cdot \left(\dfrac{2}{4} + \dfrac{2}{5} + \dfrac{6}{7}\right)$

k) $\left(3\dfrac{6}{7} + 2\dfrac{2}{4}\right) \cdot \dfrac{4}{6}$

e) $\left(\dfrac{2}{3} + \dfrac{4}{6}\right) + \left(\dfrac{9}{10} \cdot \dfrac{4}{17}\right)$

l) $9\dfrac{2}{5} - \left(3\dfrac{2}{3} \cdot \dfrac{3}{4}\right)$

f) $8\dfrac{2}{3} \cdot 5 + \dfrac{4}{8}$

m) $4\dfrac{3}{5} + 1\dfrac{1}{2} \cdot 5\dfrac{3}{4}$

2. Wandeln Sie die Ergebnisse aus Aufgabe 1 in Dezimalzahlen um. (Zwei Stellen nach dem Komma.)

3. Berechnen Sie und vergleichen Sie die Ergebnisse.

a) $\frac{3}{4}$ von 2 kg und $\frac{2}{4}$ von 5 kg

b) $\frac{1}{6}$ von 18 m und $\frac{1}{6}$ von 180 dm

c) $\frac{4}{5}$ von 200 g und $\frac{3}{5}$ von 275 g

4. Wandeln Sie die angegebenen Maßeinheiten in die kleinere Einheit um und berechnen Sie dann die vorgegebenen Bruchteile.

a) $\frac{1}{2}$ von 5 kg, $\frac{1}{4}$ von 1 km, $\frac{3}{4}$ von 250 g, $\frac{1}{5}$ von 15 dm, $\frac{1}{10}$ von 36 cm

b) $\frac{3}{2}$ von 1 kg, $\frac{3}{4}$ von 1,7 dm, $\frac{1}{4}$ von 50 g, $\frac{1}{8}$ von 2,5 km, $\frac{5}{4}$ von 10 m

5. Eine Stunde hat 60 Minuten. Berechnen Sie.

$$\frac{1}{2}, \frac{1}{4}, \frac{3}{4}, \frac{1}{8}, 2\frac{1}{2}, 3\frac{1}{4}, 1\frac{3}{4}, 4\frac{1}{8}, \frac{1}{10}, \frac{1}{20}, \frac{1}{5}, \frac{2}{3}$$

3 Dreisatz

Mithilfe des Dreisatzes lassen sich fast alle Sachaufgaben lösen. Beim Rechnen mit dem Dreisatz schließt man von einer bekannten Situation auf eine neue (unbekannte) Situation. Die Dreisätze werden sehr unterschiedlich gehandhabt. Die vorgestellte Möglichkeit ist nur eine von Vielen.

3.1 Der einfache Dreisatz

Verhältnis: je mehr – desto mehr
je weniger – desto weniger

Regel

Beispiel: **Marcel bezahlt für 50 g Leberwurst 0,90 EUR. Jennifer kauft 320 g dieser Wurst. Wie viel muss sie bezahlen?**

Lösungsschritte:

1. Verhältnis anwenden. (Was wird mit der Menge? Was wird dann auch mit dem Preis?)

2. Gleichung aufstellen. (Beachten Sie: Gleiche Größen gehören untereinander, die gesuchte Größe steht links.)

$$0,90 \text{ EUR} \stackrel{\wedge}{=} 50 \text{ g}$$
$$x \text{ EUR} \stackrel{\wedge}{=} 320 \text{ g}$$

3. Rechnung ausführen. (Beachten Sie: Die Rechnung beginnt über dem „x"; erst dividieren, dann multiplizieren.)

$$x = 0,90 \text{ EUR} : 50 \text{ g} = 0,018 \text{ EUR}$$
$$x = 0,018 \text{ EUR} \cdot 320 \text{ g}$$
$$x = 5,76 \text{ EUR}$$

1. Für 4,5 kg einer Ware muß der Kunde 6,25 EUR bezahlen. Wie viel EUR kosten 14 kg dieser Ware?

2. Zum Streichen einer 8 m Holzfläche braucht man durchschnittlich 2,5 kg Farbe. Wie viel kg Farbe braucht man, um 5 m Holzfläche zu streichen?

3. Der Kostenvoran-
   schlag für den Ein-
   bau von 12 Fenstern
   beläuft sich auf
   6 378,50 EUR. Wie
   viel EUR müssen für
   den Einbau von 16
   Fenstern bereitge-
   stellt werden?

4. Für 6 Rollen Tapete
   müssen 101,80 EUR
   kalkuliert werden.
   Wie viel EUR müs-
   sen für 21 Rollen
   eingeplant werden?

5. Für das Zuschneiden 12 genormter Spanplatten braucht der Azubi 56 Minuten. Welche Zeit benötigt er für 8 Spanplatten?

6. Auf dem Preisschild liest Gabi, dass 1 kg Blumenkohl 1,50 EUR kostet. Wie
   viel zahlt sie für $\frac{3}{4}$ kg?

7. Aus 12,6 kg Blaubeeren kann man 24 Liter Fruchtsaft herstellen. Wie viel
   Liter Fruchtsaft kann man aus 8 kg Blaubeeren herstellen?

8. Mit 430,70 EUR kann Carina 12 Tage im Hotel Urlaub machen. Wie lange
   kann sie mit 641,00 EUR Urlaubsgeld bleiben?

9. 5,6 kg einer Kaffeemischung kosten 25,95 EUR. Wie viel EUR bezahlt man für 4 kg der gleichen Mischung?

10. Vier Zimmer wurden mit Teppichboden ausgelegt. Für 116 m² verlangt der Handwerker 3 295,50 EUR. Wie viel EUR sind für ein Zimmer mit 46 m² zu zahlen?

11. Im Großmarkt kosten 240 Eier 20,50 EUR. Welcher Betrag ist für 520 Eier zu zahlen?

12. Aus 12,5 kg Rindfleisch können 18 Scheiben geschnitten werden. Wie viel Scheiben können aus 18,5 kg geschnitten werden?

13. Lösen Sie mit Hilfe des Dreisatzes.

a) Wie viel kosten jeweils $\frac{3}{4}$ kg?

16 kg kosten 9,85 EUR
8 kg kosten 4,82 EUR
12 kg kosten 3,85 EUR

b) Wie viel kostet jeweils $\frac{1}{2}$ m?

1 m kostet 1,45 EUR
3,5 m kosten 625,64 EUR
5 m kosten 10,76 EUR

c) Wie viel kostet jeweils $\frac{1}{4}$ l?

2 l kosten 1,57 EUR
4,5 l kosten 16,87 EUR
10 l kosten 15,38 EUR

d) Wie viel kosten jeweils $2\frac{3}{4}$ St.?

6 St. kosten 7,28 EUR
9 St. kosten 7,60 EUR
20 St. kosten 74,40 EUR

e) Wie viel kosten jeweils $\frac{3}{4}$ g?

50 g kosten 0,91 EUR
250 g kosten 2,87 EUR
500 g kosten 9,79 EUR

f) Wie viel kosten jeweils $3\frac{1}{4}$ Kisten?

1 Kiste kostet 14,32 EUR
5 Kisten kosten 90,00 EUR
7 Kisten kosten 43,58 EUR

14. Eine Hotelfachfrau erhält für 8 Arbeitsstunden 86,15 EUR. Welchen Lohn erhält sie für 12 Stunden, 6 Stunden und 18 Stunden?

3.2 Der umgekehrte Dreisatz

 Regel

Verhältnis:	je mehr – desto weniger
	je weniger – desto mehr

Beispiel: In 13 Stunden verputzen 3 Maurer eine vorbereitete Wand. Wie viel Zeit würden 5 Maurer für die gleiche Wand benötigen?

Lösungsschritte:

1. Verhältnis bestimmen. (Wie verändert sich die Anzahl der Maurer? Was wird dann mit der Zeit?)

2. Gleichung aufstellen. (Die gesuchte Größe steht links, gleiche Größen stehen untereinander.)

   13 Stunden = 3 Maurer
   x = 5 Maurer

3. Aufgabe lösen. (Merkhilfe: Umgekehrter Dreisatz bedeutet umgekehrte Reihenfolge der Rechnungen.)
   Erst multiplizieren, dann dividieren.

   $x = 13\,h \cdot 3\,Maurer = 39\,h$
   $x = 39\,h : 5\,Maurer$
   $x = 7,8\,h$

1. Für das Abtragen von Mutterboden benötigen 2 Bagger $4\frac{1}{2}$ Tage. Wie lange würden 5 Bagger für diese Arbeit benötigen?

2. Für das Entladen eines Fahrzeuges haben 6 Arbeiter normalerweise 4 Stunden Zeit. Heute stehen für diese Arbeit 7 Arbeiter zur Verfügung. In welcher Zeit schaffen diese die Arbeit?

3. 4 Traktoren pflügen in 12 Stunden ein Feld. Ein Traktor muss repariert werden. Wie lange werden die verbleibenden Traktoren für das Feld brauchen?

4. Das Verlegen von Parkettfußboden dauert bei 2 Gesellen 14 Arbeitsstunden. Wie viel zusätzliche Arbeitskräfte wären nötig, wenn das Verlegen nicht länger dauern dürfte als 9 Stunden, 5 Stunden oder 6 Stunden?

5. 12 Arbeiter erhielten für ein gemeinsames Projekt je 340,00 EUR. Dieses Mal sind drei Arbeiter mehr dabei. Wie viel EUR erhält jetzt jeder Arbeiter?

6. Der Weinvorrat eines Hotels reicht 11 Tage, wenn der tägliche Verbrauch 19 Flaschen beträgt. Wie lange könnte der Vorrat reichen, wenn der tägliche Verbrauch um 2 Flaschen sinkt?

7. Zur Finanzierung eines Ausflugs zahlt jedes der 28 Kinder 16,40 EUR. Durch Krankheit können vier Kinder nicht am Ausflug teilnehmen. Wie viel EUR muss jetzt jedes Kind bezahlen?

8. Für das Vorbereiten eines Mittagessens arbeiten 6 Beiköche je 3 Stunden. Wie lange benötigen 5 Beiköche für diese Tätigkeit?

9. In der Küche eines großen Hotels sind 6 Küchenhilfen für 8 Stunden täglich angestellt. Es soll auf Teilzeitbeschäftigung mit täglich 7 Stunden umgestellt werden. Wie viel Küchenhilfen müssen zusätzlich eingestellt werden?

10. Bei der Füllung eines Wassertanks wird ein Rohr mit einem Durchmesser von 18 cm benutzt. Der Tank ist in 2,5 Stunden gefüllt. Wie lange würde man für die Füllung benötigen, wenn ein Rohr mit 22 cm Durchmesser benutzt würde?

11. Ein Zug braucht bei einer Geschwindigkeit von 120 km/h 3 Std. 30 Min. für seine Fahrstrecke. Wie schnell muss er fahren, um die Strecke in 2 Std. 30 Min. zu schaffen?

12. Ein Wanderer läuft in 8 Tagen eine Strecke von 64 km. Wie viel km muss er täglich laufen, wenn er diese Strecke schon in 6 Tagen schaffen will?

13. 3 Auszubildende sollen einen Ölsockel ablaugen und haben dafür 16 Arbeitsstunden Zeit. Wie viele Stunden später können sie anfangen, wenn ihnen 2 weitere Auszubildende dabei helfen?

14. Für das Vorbereiten eines Buffetts brauchen 3 Köche 6 Stunden. Am Vortag meldet sich ein Koch krank.

   a) Wie lange brauchen nun die verbleibenden Köche?
   b) Wie viele Stunden müssen sie eher anfangen, um zur selben Zeit fertig zu sein?

3.3 Zusammengesetzter Dreisatz

 Regel

Verhältnis: Diese Art Dreisatz setzt sich aus mehreren einfachen und umgekehrten Dreisätzen zusammen. Also sind auch beide Verhältnisse (siehe Kapitel 3.1 und 3.2) vertreten.

Beispiel: **2 Maschinen stanzen 140 Buchsen in 35 Minuten. In wie vielen Minuten stanzen 5 Maschinen 225 Buchsen?**

Lösungsschritte:

1. Informationen ordnen. (Bekannte Größen werden eingeordnet, gleiche Größen stehen wieder untereinander.)

   | 2 Maschinen | 140 Buchsen | 35 Minuten |
   | 5 Maschinen | 225 Buchsen | x Minuten |

2. Verhältnisse und Rechenweg bestimmen. (Erst werden die Maschinen und Minuten betrachtet, dann die Buchsen und Minuten.)

35 Minuten $\stackrel{\wedge}{=}$ 2 Maschinen	(·)	umgekehrter Dreisatz
x Minuten $\stackrel{\wedge}{=}$ 5 Maschinen	(:)	(erst multiplizieren, dann dividieren)
35 Minuten $\stackrel{\wedge}{=}$ 140 Buchsen	(:)	einfacher Dreisatz
x Minuten $\stackrel{\wedge}{=}$ 225 Minuten	(·)	(erst dividieren, dann multiplizieren)

3. Rechnung ausführen.

$$x = \frac{\cdot \, 2 \text{ Maschinen} : 140 \text{ Buchsen} \cdot 35 \text{ Minuten}}{: 5 \text{ Maschinen} \cdot 225 \text{ Minuten} : x \text{ Minuten}}$$

$$x = \frac{2 \text{ Maschinen} \cdot 225 \text{ Buchsen} \cdot 35 \text{ Minuten}}{5 \text{ Maschinen} \cdot 140 \text{ Buchsen}}$$

$$x = 22{,}5 \text{ Minuten}$$

1. 4 Zusteller können in 3 Stunden 2500 Zeitungen zustellen.

   a) Wie lange brauchen 6 Zusteller für 3200 Zeitungen?
   b) Wie viele Zusteller sind nötig, um 3000 Zeitungen in 2 Stunden zuzu-
      stellen?
   c) Wie viele Zeitungen werden von 8 Zustellern in 5 Stunden zugestellt?

2. 15 Werkstücke konnten in 6 Stunden an 4 Drehbänken bearbeitet werden. In welcher Zeit können an 8 Drehbänken 18 Werkstücke bearbeitet werden?

3. Die Lieferung von Bauholz hat ein Volumen von 560 m^3. Zwei Transporter benötigen 8 Stunden. Wie lange dauert es, wenn die Lieferung auf 945 m^3 erhöht wird und drei Transporter eingesetzt werden?

4. Eine Baufirma lässt 5 Tiefbauer einen 9,5 m langen Leitungsgraben in 20 Arbeitsstunden ausheben. Wie lange brauchen 6 Tiefbauer für einen 12 m langen Graben?

5. In einem Neubau tapezieren 4 Gesellen in 6 Tagen 960 m^2 Deckenfläche. Wie viel m^2 bearbeiten die 4 Gesellen in 4 Tagen?

6. In den Treppenhäusern einer Neubausiedlung verarbeiten 4 Gesellen in 3,5 Tagen 840 kg Putz. In welcher Zeit verarbeiten 3 Gesellen 225 kg?

7. Für das Heizen von 19 Zimmern verbraucht ein Berghotel in 17 Tagen 10340 l Heizöl. Es sind drei Zimmer dazu gekommen.

   a) Wie viel Heizöl verbraucht das Hotel jetzt in 17 Tagen?
   b) Wie lange reichen die 10 340 l Heizöl bei der neuen Anzahl der Zimmer?
   c) Wie viele Zimmer werden beheizt, wenn der Verbrauch in 17 Tagen bei 12 400 l liegt?

8. 14 Mitarbeiter einer Reinigungsfirma verdienen in 20 Tagen 7 158,90 EUR. Wie viel EUR verdienen 9 Mitarbeiter in 14 Tagen?

9. Ein Skilift mit 148 Gondeln kann an einem Tag 8 970 Urlaubsgäste befördern.

   a) Durch Wartung fallen 9 Gondeln aus. Wie viele Gäste können noch befördert werden?
   b) An einem Feiertag ist der Lift nur einen $\frac{1}{2}$ Tag geöffnet. Wie viele Gäste werden transportiert?

3.4 Systemaufgaben

1. Aus einem Stück Roastbeef werden 21 Portionen zu 190 g geschnitten. Wie viele Portionen zu 0,160 kg kann man erhalten?

2. 28 l Fruchtsaft werden aus 24 kg Sauerkirschen gewonnen.

   a) Wie viel Liter kann man aus 20 kg Kirschen gewinnen?
   b) Wie viel 0,75-l-Flaschen werden benötigt, um den Saft abzufüllen?
   c) Wie viele Kisten zu 6 Flaschen erhält man?

3. Ein Bauherr mietet 3 Transporter für 48 Stunden zu einem Gesamtpreis von 254,00 EUR.

   a) Wie teuer käme der Auftrag bei 4 Transportern für 36 Stunden?
   b) Wie lange kann er 3 Transporter nutzen, wenn er 651,30 EUR investiert?
   c) Wie viele Transporter nutzt er in 48 Stunden, wenn er 385,00 EUR zahlen muss?

4. Pfirsiche werden in 750-g-Büchsen zu 2,30 EUR angeboten. Für eine Portion rechnet man 115 g.

   a) Berechnen Sie den Preis für eine Portion.
   b) Wie viele Portionen lassen sich aus einer Büchse bereitstellen?
   c) Wie viel kosten 29 Portionen?

5. 8 Köche erstellen in 9 Stunden eine Festtafel für einen Empfang. Der Beginn des Empfangs ist 2 Stunden vorverlegt worden.

   a) Wie lange haben die Köche jetzt nur noch Zeit?
   b) Wie viele Köche müssen jetzt arbeiten, damit die Festtafel pünktlich fertig ist?

6. Für das Renovieren einer Lagerhalle brauchen 16 Arbeitskräfte 11 Tage bei einer täglichen Arbeitszeit von 8 Stunden. Ab jetzt soll täglich nur noch 7 Stunden gearbeitet werden. Wie viel Arbeitskräfte müssen zusätzlich eingestellt werden, wenn die Renovierung schon nach 9 Tagen abgeschlossen werden soll?

4 Prozentrechnung

Für das Lösen von Prozentrechenaufgaben gibt es viele Lösungsmöglichkeiten:

Achtung!

Lösungen mithilfe von Formeln
Lösungen mithilfe des ETRs
Lösungen mithilfe der Dreisatzrechnung

Da der Dreisatz schon ausführlich geübt wurde, werden wir diesen zur Lösung nutzen.
Einige neue Begriffe müssen Sie sich trotzdem gut einprägen.

Grundwert (G) ist der Ausgangspunkt der Rechnung, also 100 %.
Prozentwert (W) ist das Ergebnis der Rechnung.
Prozentsatz (p) ist die Anzahl der zu berechnenden Prozente.

Regel

4.1 Prozentwert-W

Berechnen Sie 28 % von 340,00 EUR.

Beispiel

$340,00 \text{ EUR} \,\hat{=}\, 100\ \%$
$x \,\hat{=}\, 28\ \%$
$340,00 \text{ EUR} : 100\ \% = 3,4$
$x = 3,4 \cdot 28\%$
$x = 95,20 \text{ EUR}$

Wir rechnen:

1. Die gesuchte Größe wird immer links vom Gleichheitszeichen notiert.

2. Die Rechnung beginnt immer über dem x.

3. Erst dividieren, dann multiplizieren.

1. Eine Familie hat in einem Jahr 4 639,00 EUR angelegt. Die Bank zahlt 2,2 % Zinsen. Berechnen Sie, wie viel EUR die Familie an Zinsen erhält.

2. Jürgen hat im Januar eine Zimmereinrichtung für 1 982,00 EUR mithilfe eines Teilzahlungskredits gekauft. 25 % des Gesamtbetrags wurden beim Kauf bezahlt. Die restliche Summe wird monatlich abbezahlt.

   a) Berechnen Sie, welchen Betrag Jürgen beim Kauf bezahlt hat.
   b) Für welchen Betrag musste er einen Kredit aufnehmen?

3. Eine Angestellte kauft auf Teilzahlung ein Schlafzimmer für 1 092,00 EUR. Sie zahlt 35 % des Betrags sofort, für die restliche Summe nimmt sie einen Kredit in Anspruch. Wie hoch ist der Kredit?

4. Die Bauern erzielten einen Reinertrag an Kartoffeln von 12 383 731 t. Man benötigt davon:

   25 % für die menschliche Emährung
   45 % als Futterkartoffeln
   10 % für die Kartoffelmehlherstellung
   12 % als Saatgut
   9 % Schwund und Abfall
   Berechnen Sie die verschiedenen Mengen.

5. Berechnen Sie das Nettogewicht.

Bruttogewicht	davon Verpackung
2 570,75 kg	6 %
3 435,50 kg	2 %
1 415,50 kg	5 %
4 951,25 kg	8 %

6. Berechnen Sie die Bilanzwerte.

Buchung	davon Abschreibung
7 245,00 EUR	9 %
6 048,00 EUR	$12\frac{1}{2}$ %
9 546,30 EUR	$8\frac{1}{4}$ %
1 488,24 EUR	$9\frac{3}{4}$ %

4.2 Prozentsatz-p

Ein Buch kostet eigentlich 38,00 EUR. Nach einer Preissenkung wird das Buch für 26,00 EUR verkauft. Auf wie viel Prozent des ursprünglichen Preises wurde der Preis des Buches gesenkt?

Beispiel

$100\ \% \triangleq 38,00$ EUR
$x \triangleq 26,00$ EUR
$100\ \% : 38,00$ EUR $= 2,63$
$x = 2,63 \cdot 26,00$ EUR
$x = 68,38\ \%$

1. Die gesuchte Größe wird auf der linken Seite vom Gleichheitszeichen notiert.

2. Rechnung beginnt immer über dem x.

3. Erst dividieren, dann multiplizieren (eventuell Zwischenergebnis runden).

---

1. Ein Hauswirtschaftler hat im Monat 691,50 EUR verdient. Jetzt verdient er 47,20 EUR mehr. Um wie viel Prozent wurde sein Lohn angehoben?

2. Anlässlich des Winterschlussverkaufs hat eine Boutique ihre Preise herabgesetzt. Berechnen Sie, um wie viel Prozent die Preise gesenkt wurden.

    a) von 45,00 EUR auf 36,50 EUR
    b) von 78,50 EUR auf 65,30 EUR
    c) von 129,50 EUR auf 92,50 EUR
    d) von 215,00 EUR auf 145,00 EUR

3. In einer Klasse mit 30 Schülern sind 6 Schüler Linkshänder. Wie viel Prozent der Klasse sind Linkshänder?

4. Berechnen Sie den Preisaufschlag.

alter Preis	neuer Preis
38,50 EUR	49,50 EUR
17,00 EUR	29,00 EUR
94,70 EUR	126,00 EUR
25,90 EUR	29,50 EUR

5. Beim Putzen von 17,75 kg Gemüse fallen 1,250 kg Abfall an. Berechnen Sie den Anteil des Abfalles in Prozent.

6. Eine Firma gewährt ihren Kunden einen Treuerabatt. Berechnen Sie die Höhe der Prozentsätze bei den verschiedenen Kunden.

Rechnungssumme	Preisnachlass
12 450,00 EUR	370,00 EUR
8 420,75 EUR	210,00 EUR
740,50 EUR	98,10 EUR
50,50 EUR	7,50 EUR

4.3 Grundwert-G

Beispiel

Für das Abendessen in einer Pension werden 18 kg geschälte Kartoffeln, das sind 85 % der eingekauften Menge, benötigt. Wie viel kg Kartoffeln wurden eingekauft?

$18 \text{ kg} \triangleq 85\ \%$
$x \triangleq 100\ \%$
$18 \text{ kg} : 85\ \% = 0{,}21$
$x = 0{,}21 \cdot 100\ \% = 21 \text{ kg}$

Wir rechnen:

1. Die gesuchte Größe wird auf der linken Seite des Gleichheitszeichen notiert.

2. Die Rechnung beginnt immer über dem x.

3. Erst dividieren, dann multiplizieren (eventuell das Zwischenergebnis runden).

1. Errechnen Sie die Höhe der Rechnungen.

   a) $1\frac{1}{2}$ % Preisnachlass = 19,82 EUR

   b) $2\frac{1}{2}$ % Preisnachlass = 109,48 EUR

   c) $3\frac{1}{4}$ % Preisnachlass = 28,75 EUR

   d) $2\frac{3}{4}$ % Preisnachlass = 12,12 EUR

2. Bei einem Hauskauf fielen 11 345,00 EUR Nebenkosten an. Das machten 7,5 % des Kaufpreises aus. Wie teuer war das Haus?

3. In einem Gasthaus speisen 75 Gäste. Dadurch sind 84 % der Plätze belegt. Wie viele Gäste könnten bewirtet werden, wenn das Gasthaus voll belegt ist?

4. Ein Koch rechnet mit 757,00 EUR für seine monatlichen Lebenshaltungskosten, das sind 46 % seines Einkommens. Wie hoch ist das monatliche Einkommen des Kochs?

5. Ein Handelsvertreter erhält 16,5 % Provision. Das waren im letzten Monat 405,12 EUR. Wie viel EUR Umsatz muss er gemacht haben, um diese Provision erhalten zu können?

4.4 Aufgaben mit wechselndem Grundwert

Bisher ist davon ausgegangen worden, dass der Grundwert 100 % beträgt. Allerdings gibt es zwei Ausnahmen, die hier geübt werden sollen:

Der gehobene Grundwert beträgt mehr als 100 %.

Der gesenkte Grundwert beträgt weniger als 100 %.

Regel

Beispiel

Gehobener Grundwert:
Eine Hotelfachfrau erhält eine Lohnerhöhung von 4,5 %. Sie verdient jetzt 846,15 EUR. Wie viel verdiente sie vor der Erhöhung?

$$G = 100 \% + 4,5 \% = 104 \%$$
$$846,15 \text{ EUR} \triangleq 104,5 \%$$
$$x \triangleq 100 \%$$
$$846,15 \text{ EUR} : 104,5 \% = 8,09 \text{ EUR}$$
$$x = 8,09 \text{ EUR} \cdot 100 \% = 809,00 \text{ EUR}$$

Wir rechnen:

1. Den neuen Grundwert errechnen.

2. Die gesuchte Größe wird links vom Gleichheitszeichen notiert.

3. Rechnung beginnt immer über dem *x*.

4. Erst dividieren, dann multiplizieren.

1. Auf Grund der Marktsituation wurde der Preis für Zierpflanzen um 12 % erhöht. Eine Gärtnerei kauft für 9 566,00 EUR ein. Wie viel hätte sie vor der Preiserhöhung für die Zierpflanzen zahlen müssen?

2. Ein junger Betrieb konnte seinen Jahresumsatz um 4,8 % auf 86 153,00 EUR erhöhen. Wie hoch war der Jahresumsatz im Vorjahr?

3. Das Burgtheater begrüßte im laufenden Jahr 13 500 Besucher. Damit konnte die Besucherzahl um 2,9 % erhöht werden. Wie viele Besucher kamen im Vorjahr?

4. Ein Malergeselle verdient nach einer $4\frac{1}{2}$ %-igen Lohnerhöhung 1 018,05 EUR monatlich. Wie viel EUR bekam er vorher?

Beispiel	**Gesenkter Grundwert:** **Im Sommerschlussverkauf wurde der Preis für eine Lieferung Badesachen um 9,5 % reduziert. Der Händler zahlt jetzt 3 838,00 EUR. Wie viel EUR hätte er vor der Preissenkung zahlen müssen?**

$$100 \% - 9,5 \% = 90,5 \%$$
$$3\,838,00 \text{ EUR} \triangleq 90,5 \%$$
$$x \triangleq 100 \%$$
$$3\,838,00 \text{ EUR} : 90,5 \% = 42,41 \text{ EUR}$$
$$x = 42,41 \text{ EUR} \cdot 100 \% = 4\,241,00 \text{ EUR}$$

Wir rechnen:

1. Den neuen Grundwert errechnen.

2. Die gesuchte Größe wird immer links vom Gleichheitszeichen notiert.

3. Die Rechnung beginnt immer über dem *x*.

4. Erst dividieren, dann multiplizieren.

1. Ein Möbelhaus verkauft, einen Sessel für 271,10 EUR, nach, einem Rabatt von 12,5 %. Berechnen Sie den Preis des Sessels vor der Rabattgewährung.

2. Die Geschäftssituation einer Firma erfordert eine Senkung der Nebenkosten um 8,6 % auf 9 069,20 EUR. Wie hoch waren die Nebenkosten im Vorjahr?

3. Eine Ladung Schnittblumen kostet im Großmarkt einschließlich der 7 % Mehrwertsteuer 4 832,30 EUR. Wie viel kosten die Schnittblumen ohne Mehrwertsteuer?

4. Ermitteln Sie die alte Miete.

Neue Miete	Anhebung um
1 025, 25 EUR	5 %
930, 25 EUR	11 %
445,00 EUR	6 %
1 260,50 EUR	12 %

4.5 Anwendung der Prozentrechnung

Die Prozentrechnung spielt im Alltagsleben immer wieder eine Rolle. Zum Beispiel bei der Berechnung von Rabatt, Skonto und Mehrwertsteuer.

Preisnachlass, der dem Käufer aus verschiedenen Anlässen gewährt wird (z. B. Mengenrabatt, Treuerabatt)   **Rabatt**

Preisnachlass, der dem Käufer für die Zahlung innerhalb einer bestimmten Frist gewährt wird   **Skonto**

vom Staat erhobene Abgabe, die zum Bruttopreis der Ware hinzugerechnet werden muss   **Mehrwertsteuer**

1. Berechnen Sie die Mehrwertsteuer und den Nettopreis der Ware.

Bruttopreis	MwSt
45,30 EUR	7 %
125,70 EUR	14 %
4 780,90 EUR	16 %
12 465,00 EUR	15 %

2. Für das Fliesen einer Terrasse wird eine Rechnung über 3 827,20 EUR gestellt. Bei Barzahlung innerhalb von 7 Tagen wird ein Skonto von 3 % zugesichert.

   a) Wie viel EUR können gespart werden?
   b) Welcher Betrag ist unter Ausnutzung des Skontos zu zahlen?

3. Ein Auto soll einschließlich MwSt 6 384,00 EUR kosten. Welchen Betrag muss der Kunde schließlich überweisen, wenn er vom Händler 6 % Rabatt erhält?

4. Anlässlich eines zehnjährigen Firmenjubiläums erhalten die Kunden einer Fleischerei einen Treuerabatt von jeweils 3,5 %. Berechnen Sie die zu zahlenden Rechnungen der Kunden.

   a) Pension „Deckert": 4 685,90 EUR
   b) Pension „Sonne": 2 730,00 EUR
   c) Pension „Heide": 5 320,00 EUR

4.6 Systemaufgaben

1. Laut Statistik wird jeder Mensch in Deutschland etwa 78 Jahre alt. Berechnen Sie, wie viele Jahre man mit folgenden Tätigkeiten zubringt:

   35,131 % der Lebensjahre schläft man
   20,526 % der Lebensjahre sind Freizeit
   17,894 % der Lebensjahre sind Hausarbeit
   10,789 % der Lebensjahre geht man arbeiten
   7,894 % der Lebensjahre guckt man Fernsehen
   5,657 % der Lebensjahre isst man
   5,263 % der Lebenszeit kauft man ein
   3,289 % der Lebenszeit sitzt man im Auto
   1,71 % der Lebenszeit steht man im Stau
   1,315 % der Lebenszeit verbringt man mit Freunden
   0,767 % der Lebenszeit verbringt man bei Behörden
   0,394 % der Lebenszeit telefoniert man
   0,000 461 9 % der Lebenszeit sind sorgenfrei

2. Ein Facharbeiter für Metalltechnik erhält ein monatliches Bruttoeinkommen von 1 202,50 EUR. Wie viel Prozent machen seine Abzüge aus, wenn er 478,50 EUR abgezogen bekommt?

3. Ein Möbelhersteller erhält von einem Kunden 8 Sessel als Reklamation zurück. Das sind 3 % der ursprünglichen Lieferung. Wie viel Sessel wurden vom Kunden gekauft?

4. Zu einem Empfang erschienen 214 der geladenen Gäste. Somit hatten 96 % der Gäste die Einladung angenommen.

   a) Wie viele Gäste waren eingeladen?
   b) Wie viele Gäste sind nicht gekommen?
   c) Wie hoch war die Rechnung, wenn für jeden geladenen Gast ein Satz von 46,55 EUR berechnet wird?

5. Ein Hotel kauft im Großmarkt Wein zu einem Flaschen-preis von 3,50 EUR. Es wird ein Preisaufschlag von 125 % erhoben.

   a) Zu welchem Preis je Flasche bietet das Hotel den Wein an?
   b) Wie hoch ist die Einkaufsrechnung, wenn 480 Fla-schen gekauft werden?
   c) Wie hoch ist der Gewinn, wenn alle Flaschen ver-kauft wurden?

6. Ein asiatisches Restaurant hat 39 % seines Umsatzes im Straßenverkauf erzielt. Im Monatsdurchschnitt wa-ren das 3 298,00 EUR.

   a) Berechnen Sie den durchschnittlichen Gesamtum-satz des Monats.
   b) Wie hoch war der durchschnittliche Jahresumsatz?

7. Ein Tischlermeister kauft beim Großhändler verschie-dene Posten Holz:

   11 m^2 Buche zu 38,20 EUR / m^2
   49 m Leisten zu 12,40 EUR / m
   19 m^2 Eiche zu 56,00 EUR / m^2
   8 m Festholz zu 23,00 EUR / m

   a) Auf wie viel EUR beläuft sich seine Rechnung?
   b) Der Großhandel gewährt einen Rabatt von 4,5 %. Berechnen Sie die Höhe in EUR.
   c) Es wird eine MwSt von 16 % erhoben. Berechnen Sie die Höhe in EUR.
   d) Wie hoch ist letztendlich der Nettobetrag der Rechnung?

5 Zinsrechnung

5.1 Grundbegriffe

 **Regel** Die Zinsrechnung ist eine Anwendung der Prozentrechnung auf das Geldwesen in einer bestimmten Zeit.

Prozentrechnung:	Zinsrechnung:
Prozentwert W	Zinsen Z
Grundwert G	Kapital K
Prozentsatz p	Zinssatz p

Zinsen

Die Zinsen beziehen sich auf den Zeitraum eines Jahres.

Beispiel **Familie Jordan legt ihre Ersparnisse in Höhe von 8 439,00 EUR für 1 Jahr fest an. Dafür erhält sie einen Zinssatz von 2,7 %. Mit wie viel Zinsen kann Familie Jordan nach Ablauf des Jahres rechnen?**

Lösung:

$$Z = \frac{K \cdot p}{100}$$

$$Z = \frac{8\,439,00 \text{ EUR} \cdot 2,7\ \%}{100} = 227,85 \text{ EUR}$$

Anwendungsaufgaben

1. Berechnen Sie die Zinsen für folgende Kapitalbeträge.

Kapital	Zinssatz
2 438,50 EUR	2,5 %
38,20 EUR	1,75 %
961,00 EUR	3,0 %
9 843,50 EUR	4,25 %
121,10 EUR	3,2 %
7 841,00 EUR	2,5 %
22 876,00 EUR	3,75 %
8 795,25 EUR	2,0 %
51,50 EUR	1,5 %

2. Verdoppeln Sie die Kapitalbeträge aus Aufgabe 1 und berechnen Sie die Zinsen bei gleichbleibendem Zinssatz neu.

3. Daniel legt seine Ersparnisse von 2 465,00 EUR für 2,75 % an. Mit wie viel EUR Zinsen kann er rechnen?

4. Steffi, Kathrin und Sindy sparen für eine gemeinsame Urlaubsreise. Kathrin legt ihre Ersparnisse von 1 894, 00 EUR für 2,5 % an. Sindy hat 1 520,00 EUR gespart und legt diese für 3,2 % an. Steffi konnte ihre gesparten 1 610,00 EUR für 2,75 % anlegen.

   a) Wie viel Zinsen erhält jedes der drei Mädchen?
   b) Wie viel EUR hat jedes der Mädchen für die Reise zur Verfügung?

5. Berechnen Sie die Zinsen für folgende Kapitalbeträge im Kopf. (Benutzen Sie den Dreisatz: $K : 100 \cdot p$)

Kapital	Zinssatz
120,00 EUR	2,0 %
400,00 EUR	1,5 %
1 500,00 EUR	4,0 %
100,00 EUR	2,5 %
1 300,00 EUR	5,0 %
8 500,00 EUR	4,0 %
600,00 EUR	8,5 %
2 400,00 EUR	5,0 %
3 100,00 EUR	3,0 %
9 000,00 EUR	6,0 %

Kapital

Bei einem Zinssatz von 2,5 % sind Zinsen in Höhe von 136,00 EUR angefallen. Wie viel EUR betrug das festgelegte Kapital?

Beispiel

Lösung:

$$K = \frac{100 \cdot Z}{p}$$

$$K = \frac{100 \cdot 136,00 \text{ EUR}}{2,5} = 5\,440,00 \text{ EUR}$$

Anwendungsaufgaben

1. Ein Darlehen mit einem Zinssatz von 7,0 % ist aufgenommen worden. Es wird nicht getilgt und erfordert jährlich 75,89 EUR Zinsen. Wie viel Geld wurde ausgeliehen?

2. Eine 5%ige Ausleihe bringt jährlich 98,90 EUR Zinsen. Wie viel Geld ist ausgeliehen worden?

3. Eine Geldanlage mit 6,5% Zinsen bringt jährlich 76,40 EUR. Wie hoch ist die Geldanlage?

4. Berechnen Sie das Kapital.

Zinsen	Zinssatz
98,20 EUR	2,5 %
26,50 EUR	3,75 %
132,00 EUR	1,5 %
19,50 EUR	4,0 %
12,10 EUR	4,5 %
67,40 EUR	3,0 %

5. Danilo wird durch die Bank benachrichtigt, dass ihm 147,55 EUR Zinsen gutgeschrieben werden. Wie hoch ist sein Sparguthaben, wenn der Zinssatz 3% beträgt?

6. Zum Umbau seiner Kfz-Werkstatt hat ein Handwerksbetrieb ein Darlehen aufgenommen. Das Darlehen wird nicht getilgt und die Zinsen dafür belaufen sich auf 2045,00 EUR. Der Zinssatz beträgt $5\frac{1}{2}$ %. Auf welchen Betrag beläuft sich das Darlehen?

Zinssatz

Beispiel:

Für ein Sparguthaben von 2345,50 EUR erhält Sophie 82,09 EUR Zinsen. Zu welchem Zinssatz hat sie das Spargeld angelegt?

Lösung:

$$p = \frac{100 \cdot Z}{K}$$

$$p = \frac{100 \cdot 82,09 \text{ EUR}}{2\,345,50 \text{ EUR}} = 3,5 \%$$

Anwendungsaufgaben

1. Wenn Sie sich für ein Darlehen von 12 000,00 EUR im Jahr 1 250,00 EUR
   Zinsen bezahlen müssen und nicht tilgen, zu welchem Zinssatz haben Sie
   sich das Geld geliehen?

2. Berechnen Sie die Zinssätze.

Kapital	Zinsen
5 391,00 EUR	128,00 EUR
378,50 EUR	76,00 EUR
76,60 EUR	8,90 EUR
15 620,00 EUR	2 380,00 EUR
4 610,10 EUR	512,00 EUR
219,00 EUR	10,00 EUR

3. Am Jahresende bekommt Kerstin 269,00 EUR Zinsen auf ihrem Sparbuch
   gutgeschrieben. Die Höhe des Guthabens ihres Sparbuchs beläuft sich auf
   11 800,00 EUR. Wie hoch ist der von der Bank gewährte Zinssatz?

4. Das Guthaben von Mikes Sparbuch beträgt 6 940,00 EUR. Am Jahresende
   erhält er 210,00 EUR an Zinsen gutgeschrieben. Wie hoch war der Zinssatz?

Anwendungsaufgaben: Zinsen – Kapital – Zinssatz

1. Ein Landhotel plant die Modernisierung des Küchentraktes. Dazu ist eine
   Investition von 475 000,00 EUR nötig. Bei drei verschiedenen Banken wird
   dazu ein Darlehen aufgenommen.

   Haus-Bank: $\frac{1}{2}$ der Summe zu 6,5 %

   Königsbank: $\frac{1}{4}$ der Summe zu 7,0 %

   Topspar-Bank: $\frac{1}{4}$ der Summe zu 7,5 %

   a) Wie viel EUR leiht sich das Landhotel bei den jeweiligen Banken?
   b) Wie viel EUR betragen die jeweiligen Zinsen für das erste tilgungsfreie
      Jahr?
   c) Mit wie viel Zinsen muss das Landhotel insgesamt rechnen?

2. Das Restaurant „Seeblick" hat den Gewinn der letzten fünf Jahre auf verschiedenen Festkonten angelegt. Nach Ablauf eines Jahres erhält das Restaurant folgende Zinsen gutgeschrieben:

Bank A: 9 438,00 EUR bei einem Zinssatz von 4 %
Bank B: 11 800,00 EUR bei einem Zinssatz von 5 %
Bank C: 8 800,00 EUR bei einem Zinssatz von 4 %.

a) Wie viel Kapital wurde auf jeder der drei Banken angelegt?
b) Über wie viel Kapital verfügt das Restaurant „Seeblick"?

3. Eine Familie spart $\frac{1}{4}$ ihres Jahreseinkommens zu einem Zinssatz von 4,5 %, sie erhält dafür 366,50 EUR Zinsen in einem Jahr.

a) Wie hoch muss der Sparbetrag sein, um diese Zinsen erhalten zu können?
b) Wie viel EUR beträgt das Jahreseinkommen der Familie?
c) Wie viel EUR beträgt das Monatseinkommen der Familie im Durchschnitt?

4. Vier Autohäuser einer Region legen ihre Gewinne zu unterschiedlichen Zinssätzen fest und erhalten die vereinbarten Zinsen:

	Kapital	Zinsen
Honda Meyer	246 500,00 EUR	11 092,50 EUR
Mazda Krüger	198 000,00 EUR	7 920,00 EUR
Ford Beyer	287 000,00 EUR	14 350,00 EUR
Opel Schmitz	180 500,00 EUR	9 927,50 EUR

a) Über wie viel Kapital verfügt jedes Autohaus, nachdem es die Zinsen erhalten hat?
b) Berechnen Sie die Zinssätze, zu denen das jeweilige Kapital angelegt wurde.
c) Weiches Autohaus hatte den günstigsten Zinssatz und welches Autohaus hatte den ungünstigsten Zinssatz?
d) Berechnen Sie die Zinsen für jedes Autohaus, wenn jedes sein Kapital zum günstigsten Zinssatz angelegt hätte.
e) Über wie viel Kapital würde dann jedes Autohaus verfügen?

5.2 Zinsarten

Da Kapitalbeträge auch über Zeiträume, die länger oder kürzer als ein Jahr sind, geliehen oder verliehen werden können, berechnet man Zinsen für verschiedene *Laufzeiten*.

Regel ←

Im Geldwesen zählt jeder Monat mit **30** Tagen und jedes Jahr **360** Tage.

Achtung!

Zinsarten

$$\text{Zinsen} = \frac{\text{Kapital} \cdot \text{Zinssatz} \cdot \text{Jahre}}{100} \qquad Z_J = \frac{K \cdot p \cdot J}{100}$$

Jahreszinsen

$$\text{Zinsen} = \frac{\text{Kapital} \cdot \text{Zinssatz} \cdot \text{Monate}}{100 \cdot 12} \qquad Z_m = \frac{K \cdot p \cdot m}{100 \cdot 12}$$

Monatszinsen

$$\text{Zinsen} = \frac{\text{Kapital} \cdot \text{Zinssatz} \cdot \text{Tage}}{100 \cdot 360} \qquad Z_t = \frac{K \cdot p \cdot t}{100 \cdot 360}$$

Tageszinsen

Jahreszinsen

Ein Kapital von 1 250,00 EUR wird für $4\frac{1}{2}$ Jahre zu 6,5 % verzinst. Wie viel EUR Zinsen sind zu erwarten?

Beispiel

Lösung:

$$Z_J = \frac{K \cdot p \cdot J}{100}$$

$$Z_J = \frac{1\,250,00 \text{ EUR} \cdot 6,5 \text{ \%} \cdot 4,5}{100} = 365,63 \text{ EUR}$$

Anwendungsaufgaben

1. Kevin freut sich über einen Lottogewinn in Höhe von 17 450,00 EUR. Er beschließt, das Geld für $5\frac{3}{4}$ Jahre zu einem Zinssatz von 6,5 % bei der Hippo-Bank anzulegen. Mit wie viel Zinsen kann Kevin rechnen?

2. Frank kauft sein erstes Motorrad zu einem Preis von 4 946,20 EUR auf Kredit. Man einigt sich auf eine Laufzeit von 3 Jahren und auf einen Zinssatz von 8,5 %. Das Darlehen ist tilgungsfrei und wird nach Ende der Laufzeit vollständig zurückgezahlt.

a) Wie viel EUR Zinsen werden auf Frank zukommen?
b) Wie viel EUR kostet das Motorrad zum Schluss?

3. Steffi möchte sich eine neue Stereoanlage kaufen, die 1 275,80 EUR kosten soll. 630,70 EUR hat sie bereits gespart. Für den Rest will sie zur Überbrückung einen Kredit aufnehmen. Die Bank schlägt eine Laufzeit von $1\frac{1}{2}$ Jahren zu einem Zinssatz von 9 % vor. Der Kredit wird danach vollständig getilgt.

a) Mit wie viel EUR Zinsen muss Steffi rechnen?
b) Wie viel kostet die Stereoanlage letztlich?
c) Um wie viel EUR ist das Gerät bei Barzahlung billiger?
d) Wie viel Prozent des Kaufpreises sind das?

4. Berechnen Sie die Zinsen.

Kapital	Zinssatz	Laufzeit in Jahren
7 603,00 EUR	3,5 %	$1\frac{1}{4}$
9 170,00 EUR	7,0 %	$4\frac{1}{2}$
89,50 EUR	5,9 %	$3\frac{3}{4}$
457,60 EUR	$4\frac{1}{2}$ %	$1\frac{3}{4}$
5 867,00 EUR	7,75 %	3
540,50 EUR	2,0 %	$1\frac{1}{2}$
2 951,50 EUR	6,25 %	3,5
4 213,00 EUR	$5\frac{1}{4}$ %	7
476,50 EUR	2,0 %	2

5. Katrin hat 1 785,00 EUR auf ihrem Sparbuch. Sie erhält jährlich 2,75 % Zinsen.

a) Welchen Betrag an Zinsen erhält sie nach Ablauf von 3,5 Jahren?
b) Auf welchen Betrag hat sich ihr Guthaben erhöht?
c) Auf welchen Betrag hätte sich ihr Guthaben erhöht, wenn sie einen Zinssatz von 5 % erhalten hätte?

6. Berechnen Sie die Jahreszinsen im Kopf. Notieren Sie sich nur die Ergebnisse. Benutzen Sie auch hier den Dreisatz.

Kapital	Zinssatz	Laufzeit in Jahren
500,00 EUR	2 %	2
1 500,00 EUR	4 %	4
2 500,00 EUR	3 %	2
200,00 EUR	5 %	3
60,00 EUR	2 %	1
4 200,00 EUR	6 %	3
3 000,00 EUR	4 %	5
550,00 EUR	3 %	2
100,00 EUR	6 %	5
6 000,00 EUR	3 %	4

Monatszinsen

Frank erhält auf sein Sparbuch 5,4 % Zinsen. 8 Monate lang hatte er ein Guthaben von 976,00 EUR. Wie viel EUR werden ihm noch gutgeschrieben?

Beispiel

Lösung:

$$Z_m = \frac{K \cdot p \cdot m}{100 \cdot 12}$$

$$Z_m = \frac{976,00 \text{ EUR} \cdot 5,4 \text{ \%} \cdot 8}{100 \cdot 12} = 35,14 \text{ EUR}$$

Anwendungsaufgaben

1. Janine hat große Pläne. Sie legt ihr Spargeld in Höhe von 1 570,00 EUR für 3,5 % bei einer Bank an. Leider benötigt sie es schon nach 7 Monaten. Was brachte ihr dieses kurze Sparen an Zinsen?

2. Berechnen Sie den neuen Kontostand einiger Bankkunden, wenn generell ein Zinssatz von 2,5 % angeboten wird.

alter Kontostand	Laufzeit in Monaten
698,30 EUR	6
1 275,40 EUR	9
76,25 EUR	18
8 455,90 EUR	36
732,10 EUR	5
11 249,00 EUR	14

3. Es werden 27 800,00 EUR zu 14 % Zinsen aufgenommen. Das Darlehen ist in den ersten 18 Monaten tilgungsfrei. Wie viel Zinsen werden in dieser Zeit anfallen?

4. Michael und Nicki haben je 1 276,00 EUR für ihren Urlaub gespart. Um ihr Taschengeld aufzubessern, legen sie das Geld bei der Bank für 4,5 % an. Nach 8 Monaten heben sie ihre Ersparnisse wieder ab.

a) Über wie viel EUR zusätzlich können sie sich freuen?

b) Wie viel EUR hat jeder für den Urlaub?

5. Silvio kauft sein Auto auf Kredit und ohne Anzahlung zu 9,5 % Zinsen. Es wurde eine Laufzeit von 54 Monaten ausgemacht. Danach wird der Kredit vollständig zurückgezahlt. Das Auto kostet 9 487,00 EUR.

a) Über wie viele Jahre läuft der Kredit?
b) Wie viel Zinsen kommen auf ihn zu?
c) Wie teuer ist das Auto also letztendlich?

6. Ein im ersten Jahr tilgungsfreies Darlehen zu einem Zinssatz von 14 % wird von einer Firma aufgenommen. Nach 7 Monaten werden 1 350,00 EUR Zinsen fällig. Wie hoch war der Kredit? (Benutzen Sie die Formel: $K = \dfrac{Z_m \cdot 1200}{m \cdot p}$)

7. Nach 17 Monaten erhält Ingo 756,00 EUR Zinsen bei einem Zinssatz von 4,5 % gutgeschrieben. Wie hoch muss also Ingos Kapital sein?

8. Wie viel EUR Zinsen erbringt ein Sparguthaben von 11 250,00 EUR nach einer Laufzeit von 11 Monaten und einem Zinssatz von 5 %?

Tageszinsen

Bei der Ermittlung der Tageszinsen kommt es auf die exakte Bestimmung der Laufzeit an.

Achtung!

Auf dem Konto der Familie Ziemann befanden sich vom 18. März bis zum 21. Oktober unverändert 2640,00 EUR. Die Bank gewährt Habenzinsen in Höhe von 1,5 %. Wie viel EUR Zinsen erhält die Familie nach Ablauf der Frist?

Beispiel

Laufzeit:

1. Tage des angerissenen Monats: 18.03. bis 30.03. = 12 Tage

2. Tage aller vollen Monate (April bis September):
$$6 \cdot 30 \text{ Tage} = 180 \text{ Tage}$$

3. Tage des angerissenen Monats: 01.10. bis 21.10. = 21 Tage

4. Gesamtlaufzeit: = 213 Tage

Lösung:

$$Z_t = \frac{K \cdot p \cdot t}{360 \cdot 100}$$

$$Z_t = \frac{2640,00 \text{ EUR} \cdot 1,5 \% \cdot 213 \text{ Tage}}{360 \cdot 100} = 23,43 \text{ EUR}$$

Anwendungsaufgaben

1. Ermitteln Sie die Laufzeit folgender Darlehen.

   a) 03.04. – 21.09.
   b) 05.01. – 29.10.
   c) 28.05. – 04.12.
   d) 19.06. – 01.12.
   e) 30.03. – 15.11.

   f) 15.12. – 28.01.
   g) 26.02. – 26.12.
   h) 02.02. – 31.05.
   j) 21.02. – 28.11.
   k) 06.01. – 28.06.

2. Berechnen Sie die Zinsen, die unter folgenden Bedingungen gezahlt werden.

Kapital	Zinssatz	Zeitspanne
4 310,00 EUR	4,3 %	18.03. – 24.11.
5 762,50 EUR	5,5 %	19.01. – 12.10.
932,00 EUR	9,5 %	25.04. – 21.09.
21 700,00 EUR	8,0 %	02.02. – 22.12.
49,00 EUR	1,5 %	29.05. – 23.08.
5 438,00 EUR	2,0 %	25.07. – 16.10.

3. Für mehrere Kunden einer Bank gilt ein Zinssatz von 5 %. Jeder Kunde verfügt über einen Kontostand von 4 610, 00 EUR. Berechnen Sie den neuen Kontostand nach Ablauf der Laufzeit mithilfe der Tageszinsformel.

a) 6 Monate

e) 11,5 Monate

b) $3\frac{1}{2}$ Monate

f) $7\frac{1}{2}$ Monate

c) 5 Monate, 16 Tage

g) 6 Monate, 8 Tage

d) $9\frac{1}{2}$ Monate

h) $\frac{1}{4}$ Jahr

4. Daniel hat am 20. Januar 2 743,00 EUR auf seinem Sparbuch. Der Zinssatz ist auf 3,5 % festgelegt. Welchen Stand hat sein Sparbuch am 25. November?

5. Am 31.05. hat Heikes Sparbuch einen Stand von 3 956,00 EUR. Es gilt ein Zinssatz von 3,5 %. Ihr Sparguthaben wird $6\frac{1}{2}$ Monate verzinst.

a) Mit wie viel Zinsen kann sie rechnen?
b) Wie hoch wird ihr Guthaben nach Ablauf der Frist sein?

6. Zur Modernisierung des Fuhrparks nimmt ein Unternehmer für die Zeit vom 18.03. bis zum 24.09. einen Kredit von 156 000,00 EUR auf. Es wurde ein Zinssatz von 9,5 % vereinbart. In dieser Zeit ist das Darlehen tilgungsfrei.

a) Auf welche Höhe werden sich die Zinsen nach Ablauf der Frist belaufen?
b) Wie viel EUR wird diese Investition insgesamt kosten?

7. Am 14.04. erhält ein Bauunternehmen einen tilgungsfreien Überbrückungskredit zu 6 % Zinsen. Seine Höhe beträgt 21 287,50 EUR. Welchen Betrag muss die Firma am 29.10. zurückzahlen?

5.3 Systemaufgaben

1. Situation: Sie kaufen folgende Produkte zu festgelegten Bedingungen. 12 % des jeweiligen Kaufpreises haben Sie bereits gespart, für den Rest das Kaufpreises nehmen Sie einen Kredit zu 8 %, mit einer Laufzeit von $13\frac{1}{2}$ Monaten auf, der danach vollständig getilgt wird.

   Fahrrad   Kaufpreis: 219,50 EUR
   Schmuck   Kaufpreis: 553,50 EUR
   Fernseher   Kaufpreis: 743,00 EUR

   a) Wie hoch ist der jeweils angesparte Teil des Kaufpreises?
   b) Für wie viel EUR muss der Kredit aufgenommen werden, um das Fahrrad, den Schmuck bzw. den Fernseher kaufen zu können?
   c) Wie teuer ist der einzelne Warenartikel letztendlich?

2. Jetzt werden verschiedene Güter zu ganz unterschiedlichen Bedingungen gekauft.
   Auto
   - Kaufpreis: 16 820,00 EUR
   - Eigenanteil: 12 %
   - Kreditbedingungen: 64 Monate zu 9,8 % Zinsen
   - vollständige Rückzahlung des Kredits nach Ende der Laufzeit

   Möbel
   - Kaufpreis: 2 217,40 EUR
   - Eigenanteil: 4,25 %
   - Kreditbedingungen: $1\frac{1}{2}$ Jahre zu 3,8 % Zinsen
   - vollständige Rückzahlung des Kredits nach Ende der Laufzeit

   Kleidung
   - Kaufpreis: 112,50 EUR
   - Eigenanteil: 3,5 %
   - Kreditbedingungen: 4 Monate zu 4 % Zinsen
   - vollständige Rückzahlung des Kredits nach Ende der Laufzeit

   HiFi-Anlage
   - Kaufpreis: 935,00 EUR
   - Eigenanteil: 5 %
   - Kreditbedingungen: $2\frac{1}{4}$ Jahre zu 4,24 % Zinsen
   - vollständige Rückzahlung des Kredits nach Ende der Laufzeit

   Computer
   - Kaufpreis: 1 469,20 EUR
   - Eigenanteil: 12 %
   - Kreditbedingungen: 15.02. bis 21.12. zu 14 % Zinsen
   - vollständige Rückzahlung des Kredits nach Ende der Laufzeit

   Baugrundstück
   - Kaufpreis: 800 m² zu 48,70 EUR je m²
   - Eigenanteil: 15 %
   - Kreditbedingungen: 10 Jahre zu 6,8 % Zinsen
   - vollständige Rückzahlung des Kredits nach Ende der Laufzeit

a) Berechnen Sie die Eigenanteile.
b) Ermitteln Sie die Höhe des Kredits für jeden einzelnen Posten.
c) Auf welche Höhe belaufen sich die Zinsen jeder einzelnen Ware?
d) Wie viel EUR kostet die einzelne Ware insgesamt?
e) Ermitteln Sie die Gesamtkosten beim Kauf aller Waren.

3. Einem Makler offerieren sich an der Börse zwei Anlagemöglichkeiten. Welches Angebot ist das lukrativere? (Risiken der Börse bleiben unbeachtet.)

Anlagemöglichkeit A:
1. für 3 128 400,00 EUR kaufen
2. vom 03.03. bis 12.07. Laufzeit
3. Wiederverkauf mit 12,8 % Zinsen

Anlagemöglichkeit B:
1. für 3 128 400,00 EUR kaufen
2. vom 17.04. bis 15. 10. Laufzeit
3. Wiederverkauf mit 14,5 % Zinsen

4. Ein Börsenmakler hat für 973 480,00 EUR Aktien gekauft. Bei einer Laufzeit der Aktien vom 28.06.1997 bis zum 15.12.1997 rechnet er mit Zinsen in Höhe von 12 %.

a) Mit wie viel Zinsen kann sein Kunde rechnen?
b) Wie hoch ist nach Ablauf der Frist das Kapital seines Kunden?

5. Am 04./05.11.1997 brach das größte Kreditinstitut Japans zusammen. Das wirkte sich auch auf die Aktien des in Aufgabe 4 erwähnten Börsenmaklers aus. Der Makler konnte nur 7,2 % Zinsen erhandeln.

a) Wie viel EUR Zinsen kann der Kunde des Maklers also nur erhalten?
b) Wie hoch ist der Unterschied zwischen erwartetem und erhaltenem Betrag?

6. Nicole beabsichtigt ein Auto zu kaufen. Von drei Autohäusern hat sie Angebote eingeholt. Sie hat vor, den Kredit nach Ende der Laufzeit zurückzuzahlen.

Autohaus A   733,00 EUR Anzahlung
              9,2 % Zinsen
              Laufzeit: 52 Monate
Autohaus B   1 051,00 EUR Anzahlung
              7,5 % Zinsen
              Laufzeit: 36 Monate
Autohaus C   410,00 EUR Anzahlung
              9,5 % Zinsen
              Laufzeit: 48 Monate

a) Berechnen Sie die anfallenden Zinsen bei jedem Angebot.
b) Bestimmen Sie den Endpreis des Autos bei jedem Angebot.
c) Bei welchem Autohaus wird Nicole kaufen?

7. Familie Schmidt renoviert ihr Haus. Bad und Küche sollen erneuert werden. Die Kosten dafür betragen 7 476,00 EUR. Sie haben 2 461,50 EUR gespart. Den Rest des Geldes wollen sie sich bei einer Bank leihen. Bei einem Zinssatz von 12,8 % schlägt die Bank eine Laufzeit von 2 Jahren und 9 Monaten vor. Danach erfolgt die vollständige Tilgung des Darlehens.

a) Was kostet die Renovierung beider Räume schließlich insgesamt?

b) Um wie viel wäre es billiger, wenn die Familie keinen Kredit benötigen würde?

c) Würde es sich lohnen, mit der Renovierung noch zu warten, wenn die Familie jeden Monat 77,00 EUR sparen könnte?

6 Maßeinheiten

Beim Umrechnen von Maßeinheiten hilft eine einfache Auflistung (die kleinste Einheit steht links, die größte Einheit steht rechts).

Regel

Längen: kleine Einheit $\rightleftarrows$ große Einheit

mm   cm   dm   m   km
   10   10   10   1000

Flächen:

mm²   cm²   dm²   m²   a   ha   km²
  100   100   100   100   100   100

Volumen:

mm³   cm³   dm³   m³   km³
  1000   1000   1000 1000000000

Hohlmaße:

ml   cl   dl   l   hl
  10   10   10   100

Masse:

mg   g   kg   dt   t
  1000   1000   100   10

Beispiel

Beispiel:

$$14{,}7 \text{ cm}^2 \;=\; ? \text{ dm}^2$$

cm²   dm²

:100

$$14{,}7 \text{ cm}^2 : 100 = 1{,}47 \text{ dm}^2$$

Arbeitsweg:
1. Rechenrichtung bestimmen
   kleine Einheit $\rightleftarrows$ große Einheit

2. Umrechnungszahl ablesen

3. Rechnung ausführen

6.1 Maßeinheiten der Länge

1. Rechnen Sie die Einheit um.

   a) 321,04 mm in cm
   b) 1,04 m in km
   c) 18,00 dm in m

   d) 0,04 km in m
   e) 0,4 m in mm
   f) 975 dm in cm

2. Rechnen Sie die Ergebnisse aus Aufgabe 1 in dm um. Addieren Sie die Ergebnisse.

3. Wandeln Sie in mm um und addieren Sie die Ergebnisse.

a) 2,0 cm	d) 2,5 cm	g) 0,7 cm	k) 14,8 cm	n) 75,5 cm
b) 5,0 dm	e) 12,5 dm	h) 70 dm	l) 135 dm	o) 250 dm
c) 12,4 m	f) 8,03 m	j) 41,45 m	m) 0,04 m	p) 8,01 m

4. Entscheiden Sie, welche Entfernung größer ist (z. B.: 1 km 100 m > 1 000 m).

   a) 5 km 250 m oder 5 050 m?
   b) 50 km oder 5,500 km?
   c) 9 km 10 m oder 91 km?
   d) 32 000 m oder 3,200 km?
   e) 3 km 20 m oder 30 km?
   f) 9 km 100 m oder 9 100 m?

5. Übertragen Sie die Tabelle in Ihr Heft und vervollständigen Sie diese.

mm	cm	dm	m	km
1 483				
		62		
				0,5
			1 270	
	150			

6. Wandeln Sie in dm um und subtrahieren Sie.

   a) 152 m
   b) 12 230 mm

   c) 15 cm
   d) 119 cm

   e) 1,2 m
   f) 549 cm

7. Schätzen Sie im Unterrichtsraum die Höhe der Tür, die Breite der Fenster, die Länge des Raumes, die Breite der Wandtafel und die Breite eines Schülertisches. Überprüfen Sie die Schätzungen mit dem Metermaß.

6.2 Umfang

1. Suchen Sie aus dem Formelverzeichnis die Formeln zur Berechnung des Umfangs folgender Flächen und notieren Sie diese.

   a) Quadrat
   b) Rechteck
   c) Dreieck
   d) Kreis
   e) Trapez

2. Berechnen Sie die Umfänge folgender Quadrate.

   a) Seitenlänge: 12,4 cm
   b) Seitenlänge: 9,3 cm

   c) Seitenlänge: 129 cm
   d) Seitenlänge: 28,9 cm

3. Welchen Umfang haben folgende Rechtecke?

   a) $l = 9$ cm, $b = 4,5$ cm
   b) $l = 3,5$ dm, $b = 19$ cm

   c) $l = 4,9$ dm, $b = 42$ cm
   d) $l = 2,4$ m, $b = 4,5$ m

4. Berechnen Sie die Kreisumfänge.

   a) $r = 12$ mm
   b) $d = 22$ cm

   c) $d = 14,5$ cm
   d) $r = 120$ mm

5. Ein Grundstück mit einer Länge von 215 m und einer Breite von 95 m soll eingezäunt werden.

   a) Wie viel m Maschendrahtzaun sind dafür nötig?
   b) Wie viele Rollen zu 25 m müssen gekauft werden?

6. Die quadratische Decke eines renovierten Zimmers soll mit einer Zierleiste versehen werden. Die Decke hat eine Seitenlänge von 4,25 m.

   a) Wie viel Meter Zierleiste werden benötigt?
   b) Im Baumarkt sind Leisten mit einer Länge von 2,30 m erhältlich. Wie viele ganze Leisten müssen gekauft werden?

7. Wählen Sie aus Ihrer Umgebung einige Rechtecke oder Quadrate aus und berechnen Sie deren Umfang.

6.3 Maßeinheiten der Fläche

1. Wandeln Sie in die angegebene Einheit um und lösen Sie dann die Rechnungen.

   a) $87 \text{ cm}^2 + 2{,}08 \text{ m}^2 + 18 \text{ dm}^2 + 13\,215 \text{ mm}^2$ (dm^2)
   b) $659 \text{ mm}^2 + 20 \text{ cm}^2 + 193 \text{ dm}^2 + 43{,}7 \text{ mm}^2$ (cm^2)
   c) $190\,752 \text{ m}^2 + 119 \text{ ha} + 1\,319 \text{ a} + 0{,}45 \text{ km}^2$ (km^2)

2. Rechnen Sie die Flächen in m^2 um und bestimmen Sie deren Preis, wenn der m^2 8,60 EUR kostet.

   a) 15 km^2 c) $1\,265 \text{ dm}^2$
   b) $0{,}65 \text{ ha}$ d) $143\,610 \text{ cm}^2$

3. Rechnen Sie in cm^2 um.

   a) $4\,318 \text{ mm}^2$ d) 119 dm^2
   b) $1{,}05 \text{ m}^2$ e) $15{,}4 \text{ mm}^2$
   c) $8{,}57 \text{ dm}^2$ f) $0{,}03 \text{ m}^2$

4. Ordnen Sie die Flächen nach ihrer Größe. Beginnen Sie mit der kleinsten Fläche.

   a) 18 cm^2 310 mm^2 $0{,}03 \text{ dm}^2$ $1{,}2 \text{ m}^2$
   b) $1{,}07 \text{ m}^2$ $3\,417 \text{ mm}^2$ 90 cm^2 40 dm^2
   c) 115 dm^2 8 m^2 121 cm^2 136 mm^2

5. Übertragen Sie die Tabelle in Ihr Heft und vervollständigen Sie diese.

dm²	ha	cm²	mm²	a	m²
	1,4				
		15 309			
					670
				49,5	
1 973					
			256 348		

6.4 Fläche

1. Suchen Sie im Formelverzeichnis die Formeln zur Berechnung folgender Flächen und notieren Sie diese.

   a) Quadrat
   b) Rechteck
   c) Dreieck
   d) Kreis
   e) Trapez

2. Ein Auszubildender bezieht eine neue Wohnung. Das Wohnzimmer ist 4,20 m lang und 3,80 m breit. Die Küche ist 3,4 m lang und 2,8 m breit. Das quadratische Badezimmer hat eine Wandlänge von 2,90 m.

   a) Wie viel m² stehen dem Lehrling zur Verfügung?
   b) Auf wie viel EUR beläuft sich die Miete, wenn ein m² 10,75 EUR kostet?

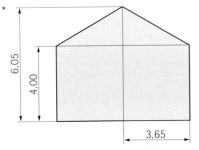

Maße in m

3. Diese Giebelwand soll mit einer Außenwandfarbe versehen werden. Mit einem Eimer kann man 3 m² Wandfläche streichen.

   a) Wie viele Eimer Farbe müssen gekauft werden?
   b) Wie viel kostet die Außenwandfarbe, wenn ein Farbeimer 13,20 EUR kostet?

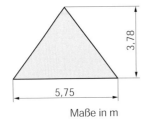

Maße in m

4. Der Giebel eines Gebäudes soll mit Außenputz verschönert werden.

   a) Wie groß ist die zu bearbeitende Fläche?
   b) Wie viel Liter Putz sind zu kaufen, wenn mit einem Liter 2,5 m² verputzt werden können?

5. Errechnen Sie die Flächeninhalte folgender Dreiecke.

	a)	b)	c)	d)	e)	f)	g)	h)
Grundseite:	2,5 m	8,9 cm	0,06 dm	$\frac{1}{2}$ m	$4\frac{3}{4}$ m	82 cm	15 dm	6,5 m
Höhe:	3,4 m	1,4 cm	0,03 dm	$\frac{3}{4}$ m	2,5 m	65 cm	8 dm	2,9 m

* Diese und alle folgenden Zeichnungen sind nicht proportional zu den Maßangaben

6. Bestimmen Sie die Flächeninhalte folgender Rechtecke.

	a)	b)	c)	d)	e)	f)	g)	h)	j)
Länge:	12 cm	20 dm	17 cm	0,5 m	$\frac{1}{2}$ m	$\frac{3}{4}$ m	0,3 m	$1\frac{1}{2}$ dm	63 cm
Breite:	3 cm	5 dm	8 cm	0,2 m	$\frac{1}{4}$ m	$\frac{1}{4}$ m	0,2 m	$\frac{3}{4}$ dm	48 cm

7. Der Gesellschaftsraum eines Hotels erhält neue Auslegware. Die Auslegware ist in einer Breite von 6 m im
   Handel erhältlich.

   a) Wie viel EUR sind für die Auslegware zu veran-
      schlagen, wenn der m² 38,75 EUR kostet?
   b) Wie viel m² beträgt der Abfall?

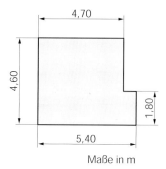

Maße in m

8. Die Sitzflächen der Hocker einer Hotelbar sollen mit
   neuem Leder versehen werden. Für einen Hocker
   benötigt man ein Lederstück mit einem Durchmesser
   von 32 cm.

   Wie viel m² Leder müssen für 19 Hocker gekauft werden?

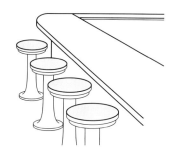

9. Aus einer 1,5 m² großen Holzspanplatte wird eine runde Tischplatte geschnitten. Wie hoch ist der Verschnitt?

Maße in cm

10. Berechnen Sie die grüne Fläche.

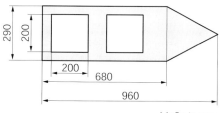

Maße in mm

6.5 Maßeinheiten des Volumens

1. Rechnen Sie in die nächst größere Maßeinheit um.

   a) 133 mm^3 e) 140 mm^3
   b) 508 cm^3 f) 422 cm^3
   c) 862 dm^3 g) 210 dm^3
   d) 12 498 m^3 h) 16 479 m^3

2. Folgende Maßeinheiten sollen in die nächst kleinere und die nächst größere Einheit umgewandelt werden.

   a) 8 712 cm^3 d) 733 cm^3
   b) 4 512 dm^3 e) 349 dm^3
   c) 479 125 m^3 f) 598 713 m^3

3. Rechnen Sie in die in Klammern stehende Einheit um.

   a) 45 620 cm^3 (dm^3)   f) 32 500 000 mm^3 (dm^3)
   b) 0,25 dm^3 (mm^3)   g) 1,5 cm^3 (mm^3)
   c) 0,004 m^3 (cm^3)   h) 0,000 45 km^3 (m^3)
   d) 75 500 dm^3 (m^3)   j) 2,418 cm^3 (mm^3)
   e) 77 230 mm^3 (dm^3)   k) 2 800 000 mm^3 (dm^3)

4. Wandeln Sie in die in Klammern stehende Einheit um und addieren Sie.

   a) 4 520 mm^3 + 145 cm^3 + 26,5 dm^3 + 12 450 mm^3 + 112 dm^3 (m^3)
   b) 11 213 mm^3 + 5 623 cm^3 + 78 940 mm^3 + 3 791 cm^3 + 95 123 mm^3 (dm^3)

5. Ein Behälter Lösung fasst 149 dm^3. Es werden nacheinander 28 dm^3, 0,489 dm^3 und 12 dm^3 entnommen. Wie viel Lösung ist noch im Behälter?

6. Rechnen Sie in die in Klammern stehende Einheit um und fassen Sie zusammen.

   a) 125 cl + 18,09 dl + 1 239 ml + 13 cl + 129 dl + 1 209 ml   (cl)
   b) 2,3 l + 0,75 l + 22 cl + 44 cl + 50 ml   (dl)
   c) 0,25 l + 1 l + 0,33 l + 450 cl + 50 ml   (dl)
   d) 30 cl + 200 cl + 0,5 l + 12 dl + 0,75 l   (ml)

7. Schreiben Sie als cl und zählen Sie zusammen.

   a) 1,5 l + 0,8 l + 0,55 l + 0,04 l
   b) 0,375 l + 0,025 hl + 0,7 l + 0,25 l
   c) 0,07 l + 1,8 l + 0,3 l + 0,04 hl
   d) 0,375 l + 0,9 l + 0,12 l + 0,006 hl

8. Aus einer Flasche mit 0, 7 l Likör wurden nacheinander 4 cl, 0,15 l, 5 cl und 60 ml entnommen. Wie viel cl sind noch in der Flasche?

9. Für 145 Personen ist ein Mixgetränk vorzubereiten. Unter anderem enthält es 3 cl Ananassaft. Wie viel ganze Saftflaschen mit 0,7 l sind bereitzustellen?

10. Ein Bierfass mit 0,55 hl ist nach dem Ausschank von 85 Gläsern zu 0,25 l und 41 Gläsern zu 0,5 l leer. Wie hoch ist der Schankverlust?

11. In einer Woche wurden in einem Café folgende Getränke ausgeschenkt:
    – 275 Gläser Orangensaft zu 0,25 l
    – 1 827 Gläser Wasser zu 0,3 l
    – 2 306 Gläser Schorle zu 0,4 l
    Wie viel Liter wurden in dieser Woche ausgeschenkt?

12. Schreiben Sie als dl und addieren Sie.
    a) 1,4 l + 0,25 hl + 0,65 l + 0,03 hl
    b) 0,675 l + 0,024 hl + 0,7 hl + 0,23 l
    c) 0,06 hl + 1,9 l + 0,23 l + 0,04 hl
    d) 0,375 l + 0,7 hl + 0,74 l + 0,002 hl

13. Zum Streichen einer Wohnung werden 8 Eimer Farbe zu je 25 l verbraucht, verdünnt werden sie mit 12 l Wasser. Wie viel Liter Flüssigkeit sind das?

6.6 Volumen

1. Suchen Sie im Formelverzeichnis die Formeln zur Berechnung des Volumens folgender Körper und schreiben Sie diese auf.

   a) Würfel
   b) Quader

2. Wie heißen die abgebildeten Körper?

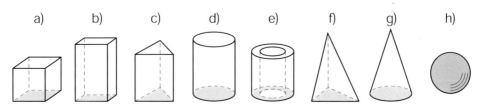

a)   b)   c)   d)   e)   f)   g)   h)

3. Welcher von den abgebildeten Körpern ist gemeint?

   a) Welcher Körper hat zwei runde parallele Flächen?
   b) Welcher Körper hat eine Fläche, keine Kanten?
   c) Welcher Körper hat sechs gleiche Flächen?
   d) Welcher Körper hat einen offenen Hohlraum?
   e) Welcher Körper hat eine Spitze über einer Kreisfläche?
   f) Welcher Körper hat je zwei gleiche Flächen, die sich gegenüberliegen?
   g) Welcher Körper hat zwei parallele Dreiecksflächen?
   h) Welcher Körper hat eine Spitze über einer Dreiecksfläche?

4. Errechnen Sie das Volumen folgender Quader.

	a)	b)	c)	d)	e)	f)	g)	h)	j)
Länge:	7,5 cm	34 dm	0,8 m	11 dm	0,25 m	8 cm	91 m	7,3 cm	109 m
Breite:	8,0 cm	14 dm	4,2 m	9 dm	0,57 m	4,5 cm	18 m	4,5 cm	48 m
Höhe:	5,0 cm	9 dm	2,3 m	7 dm	0,66 m	7,8 cm	42 m	12 cm	79 m

5. Berechnen Sie das Volumen der Würfel.

	a)	b)	c)	d)	e)	f)	g)
Seitenlänge:	12 cm	17,5 dm	0,4 m	158 cm	35,5 mm	65 cm	189 dm

6. Ein Unterrichtsraum ist 12,6 m lang, 8,9 m breit und 3,4 m hoch.

   a) Wie viel Luft (in m^3) befindet sich im Raum?
   b) Wie viel Schüler dürfen in dem Raum unterrichtet werden, wenn für jeden Schüler 7 m^3 Luft vorgeschrieben sind?

7. Wie viel m^3 Beton sind nötig, um eine Fläche von 5,45 m Länge, 24 cm Tiefe und 1,2 m Höhe zu gießen?

8. Der Laderaum eines Anhängers ist 3,8 m lang, hat eine Breite von 1,8 m und ist 55 cm hoch. Wie groß ist das Fassungsvermögen?

9. Ein Stall hat ein Luftvolumen von 2389,4 m³. Seine rechteckige Grundfläche beträgt 512,5 m². Wie hoch ist der Stall?

10. Zeichnen Sie das Netz (= aufgeklappter Körper) der beiden Körper.

a)

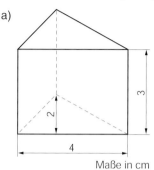

Maße in cm

b)

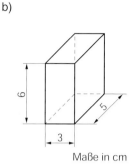

Maße in cm

11. Eine Rohrleitung mit einem äußeren Durchmesser von 60 cm und einer Länge von 124 m muss 1,2 m tief verlegt werden. Wie viel m³ Aushub sind zu bewältigen?

12. Die quadratische Grundplatte eines Einfamilienhauses mit einer Seitenlänge von 9,20 m und einer Stärke von 30 cm soll gegossen werden. Wie viel m³ Beton muss der Bauherr bestellen?

6.7 Maßeinheiten der Masse

1. Wandeln Sie die Gewichte in die in Klammern stehende Einheit um.

   a) 4 kg   (g)   e) 4 t   (g)
   b) 85 g   (mg)   f) 14 000 kg   (t)
   c) 1 600 g   (kg)   g) 750 g   (kg)
   d) 26 kg   (g)   h) 3 400 mg   (g)

2. Wandeln Sie die Gewichte in die angegebene Einheit um und notieren Sie die Gewichtsangaben in der Dezimalschreibweise.

   a) 5 kg, 400 g   (kg)   e) 19 kg, 450 g   (kg)
   b) 14 t, 52 kg   (t)   f) 230 g, 40 mg (g)
   c) 8 g, 705 mg   (g)   g) 5 kg, 6 g   (kg)
   d) 15 t, 9 kg   (t)   h) 160 t, 250 kg (t)

3. Übertragen Sie die Tabelle in Ihr Heft und üben Sie die unterschiedlichen Schreibweisen.

g	kg; g	kg
3 795 g		
	5 kg; 320 g	
		8,540 kg
	7 kg; 36 g	
11 436 g		
		9,050 kg

4. Welche Gewichtsangaben gehören zusammen?

13 400 kg	8 t; 3 kg	4,300 t
8 003 kg	4 t; 300 kg	23,457 t
10 048 kg	13 t; 400 kg	8,003 t
4 300 kg	23 t; 457 kg	10,048 t
23 457 kg	10 t; 48 kg	13,400 t

5. Fassen Sie zusammen.
   a) 12,8 kg + 125 g + 38 g +10,2 kg + 0,04 kg + 48 g   (kg)
   b) 12 145 mg + 1,5 kg + 0,025 kg + 12,681 mg + 12,035 kg   (g)
   c) 13,04 kg + 328 g + 24 g + 11,3 kg + 60 g + 21 g   (kg)

6. Wandeln Sie in kg um und rechnen Sie zusammen.
   a) 350 g + 125 g + 85 g + 240 g + 45 g
   b) 1,2 dt + 1,5 t + 4 200 g + 0,03 t + 500 g
   c) 240 g + 238 g + 56 g + 140 g + 60 g
   d) 1,3 dt + 1,2 t + 420 g + 0,04 t

7. Eine Gemeinde hat ihre Mitglieder zum Kaffee geladen. Es wird mit 275 Gästen gerechnet. Pro Person wird ein Kännchen mit 0,2 l veranschlagt. Die Küche rechnet mit 40 g Kaffeepulver je 1 Liter Wasser. Wie viel kg Kaffeepulver sind für die Veranstaltung nötig?

8. Rechnen Sie in die nächst größere und die nächst kleinere Einheit um.
   a) 45,465 kg
   b) 123 023 mg
   c) 12,5 t
   d) 49 dt
   e) 7 931 g

9. Bei Schachtungsarbeiten fallen 36,5 t Erdmassen an. Wie oft müssen zwei LKWs fahren, wenn jeder LKW ein Fassungsvermögen von 3 500 kg aufweist?

6.8 Systemaufgaben

1. Die drei Waschräume einer Firma sollen neu gefliest werden. Die Waschräume sind je 4,2 m lang, 3,8 m breit und 3,3 m hoch.

   a) Wie viel m² sind zu fliesen, wenn die Böden voll und die Wände halbhoch gefliest werden sollen?

   b) Jede Fliese hat eine Größe von 20 x 20 cm. Wie viele Fliesen werden benötigt?

   c) Es werden Packungen zu je 15 Fliesen gekauft. Wie viele ganze Packungen sind nötig?

   d) Welcher Preis ist zu zahlen, wenn jede Packung 38,45 EUR kostet?

2. Eine Werkbank erhält eine neue Arbeitsplatte. Mit wie viel EUR muss der Auftraggeber rechnen, wenn der m² Holz 23,80 EUR kostet und der Arbeitslohn mit 25 % der Materialkosten veranschlagt wird?

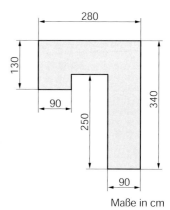

Maße in cm

3. Für einen Empfang von 125 Gästen soll eine rechteckige Tafel aufgestellt werden. Man rechnet mit einem Platzaufwand von 70 cm je Gast.

   a) Berechnen Sie den Umfang der Tafel in m.

   b) Es stehen quadratische Tische mit einer Seitenlänge von 120 cm zur Verfügung. Wie viele Tische sind nötig, um die Tafel aufzustellen?

4. Die Seitenwand eines Nebengebäudes soll mit Fassadenfarbe gestrichen werden.

   a) Wie viel m² Seitenwand muss verputzt werden?

   b) Berechnen Sie die Anzahl der benötigten Farbbehälter, wenn mit einem Eimer 2,75 m² Wand gedeckt werden kann?

   c) Fassadenfarbe ist in 25-kg-Behältern zu kaufen. Wie viel kg Farbe kauft man?

   d) Ein Eimer kostet 28,60 EUR. Wie teuer ist die gesamte Fassadenfarbe?

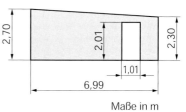

Maße in m

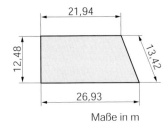

Maße in m

5. Der Sportplatz wird mit einer Hecke eingefasst.

   a) Wie viel m sind mit einer Hecke zu versehen?
   b) Berechnen Sie die Anzahl der Pflanzen, wenn jede Pflanze 120 cm Platz benötigt.
   c) Die Fläche des Platzes wird mit Rasen gesät. Wie viel m² Rasen entsteht?
   d) Wie teuer wird die Gestaltung des Platzes, wenn jede Pflanze 6,92 EUR kostet und der m² Rasen mit 4,30 EUR veranschlagt wird?

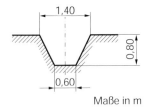

Maße in m

6. Zum Verlegen von Gasrohren wird ein Graben mit einer Länge von 46 m ausgehoben.

   a) Berechnen Sie die Querschnittsfläche des Grabens.
   b) Berechnen Sie die Menge des Aushubs in m³.

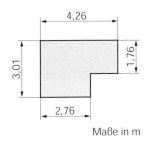

Maße in m

7. Der Wohnzimmerfußboden wird mit einem Fußbodenbelag und Fußleisten versehen.

   a) Berechnen Sie den benötigten Belag in m².
   b) Berechnen Sie die Länge der Fußleisten in m.

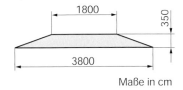

Maße in cm

8. Zum Schutz vor Hochwasser wird ein Damm mit einer Länge von 470 m errichtet.

   a) Berechnen Sie den Dammquerschnitt.
   b) Berechnen Sie die Menge der Erdbewegung in m³.
   c) Wie viel LKW-Ladungen sind nötig, wenn ein LKW 49 m³ Erdreich bewegen kann?

9. Aus 64,5 m² Rauspundbrettern sollen so viele Türen wie möglich hergestellt werden. Für jede Tür werden 1,75 m² Holz benötigt.

   a) Berechnen Sie die Anzahl der entstehenden Türen.
   b) Wie viel m² bleiben übrig?

7 Rationale Zahlen

Zu den rationalen Zahlen gehören die gebrochenen Zahlen und die Zahlen mit einem negativen Vorzeichen.
Man bezeichnet die Menge der rationalen Zahlen mit Q.

7.1 Ordnen, Vergleichen, Darstellen

1. Ordnen Sie die Zahlen der Größe nach und beginnen Sie mit der kleinsten Zahl.

   a) $-\dfrac{1}{2}$; 0; 4,5; 0,5; -2; $-\dfrac{3}{4}$; 5

   b) 3,5; $-3,5$; 2; 0; 0,5; $\dfrac{3}{4}$

   c) 3; 0; -1; $\dfrac{1}{3}$; $-\dfrac{3}{4}$; -3

2. Stellen Sie die Zahlen von Aufgabe 1 auf einem Zahlenstrahl dar.

3. Suchen Sie aus folgenden Zahlen die rationalen Zahlen heraus.

   a) 19; $-0,5$; 325,5; -1; 17; $-\dfrac{1}{2}$; $\dfrac{21}{3}$; 33; $-0,4$; 54 324; $-33,87$; 4; 12,2

   b) 5 476; -65; $\dfrac{3}{7}$: $-34,4$; 18; 32; -90; $-34,65$; $\dfrac{21}{2}$; $-3\dfrac{5}{6}$; 123; -89

4. Vergleichen Sie folgende Zahlenpaare (kleiner <, größer >, gleich =).

   a) $\dfrac{3}{4}$ —   0,75   e) 0,001 4   — $-0,14$

   b) $-\dfrac{1}{2}$ — -1 f) 4,304   —   14,040 3

   c) 3,5   — $-3,5$ g) $-12 420$ —   34

   d) -19 — -190 h) $-0,202 0$ — $-0,200 2$

5. Nennen Sie je drei Zahlen, die zwischen den angegebenen Zahlenpaaren liegen.

   a) -1 —   1   e) $-0,023$ —   0
   b) 0   —   5   f) 2,5   —   3
   c) $-1,5$ — $-1,59$ g) -2 — -1
   d) -4 — -1 h) 0,002 6   —   0,002 9

6. Wandeln Sie in Dezimalbrüche um und prüfen Sie die Richtigkeit der Ergebnisse.

a) $\dfrac{3}{4} - \dfrac{1}{2} = -0{,}25$

b) $\dfrac{3}{4} - \dfrac{5}{3} = -0{,}92$

c) $\dfrac{5}{3} - \dfrac{4}{7} = -1{,}09$

d) $\dfrac{4}{8} + \dfrac{3}{5} = 1{,}2$

e) $\dfrac{4}{7} - \dfrac{6}{5} = 0{,}63$

f) $\dfrac{9}{3} - \dfrac{4}{2} = -1$

7. Ordnen Sie folgende Zahlen und beginnen Sie mit der größten Zahl.

$0; \; -\dfrac{1}{2}; \; 3; \; -2; \; -3; \; 5; \; 0{,}5; \; 1{,}7; \; -1; \; 0{,}75; \; -4; \; 0; \; 1{,}5; \; 3; \; -3$

8. Lesen Sie folgende Angaben vom Zahlenstrahl ab.

a)
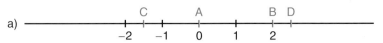

b)
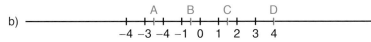

c)
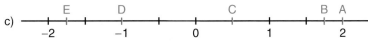

d)
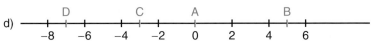

9. Zeichnen Sie jeweils einen Zahlenstrahl und tragen Sie die Zahlen mittels Buchstaben darauf ab.

a) $A = -\dfrac{1}{2}$ $B = 3{,}5$ $C = 0$ $D = -2{,}5$ $E = -\dfrac{3}{4}$

b) $A = 0$ $B = -\dfrac{3}{3}$ $C = -1\dfrac{1}{2}$ $D = 2{,}0$ $E = 0{,}5$

c) $A = -3{,}5$ $B = -1{,}75$ $C = -0{,}5$ $D = -\dfrac{2}{2}$ $E = -2\dfrac{1}{2}$

d) $A = 0$ $B = 2{,}25$ $C = 1{,}5$ $D = 0{,}75$ $E = 2{,}5$

10. Vergleichen Sie die Zählenpaare (kleiner <, größer >, gleich =).

a) -3 $-$ $-2{,}5$

b) 0 $-$ 1

c) -4 $-$ -6

d) 3 $-$ $0{,}5$

e) $-\dfrac{1}{2}$ $-$ $-0{,}5$

f) $-\dfrac{1}{2}$ $-$ $\dfrac{1}{2}$

7.2 Vermischte Aufgaben mit dem ETR

Mit dem ETR sind alle Grundrechenaufgaben im Bereich der rationalen Zahlen leicht zu lösen. Die Taschenrechner bieten verschiedene Tasten für das negative Vorzeichen an. Zum Beispiel: +/– oder + – oder (–).
Erscheint in den Aufgaben eine negative Zahl, kann sie durch diese Taste mit einem negativen Vorzeichen versehen werden.

Beispiel

–12	ETR: 12 +/–
–1/2	ETR: 1 a b/c 2 +/–
3 + (–4)	ETR: 3 + 4 +/– = –1

1. Lösen Sie folgende Aufgaben.

a) $-821 + (-203)$

b) $317 + (-129)$

c) $813 + 412$

d) $-49 + 168$

e) $12\,129 + (-14\,319)$

f) $-10\,021 + 9\,431$

g) $814 + (-11\,891)$

h) $-15\,413 + (-12\,127)$

2. Bilden Sie die Differenz aus folgenden Zahlen.

a) $-18,043$ und $12,08$

b) $15,91$ und $-12,5$

c) $0,75$ und $-19,85$

d) $-48,4$ und $44,8$

e) $-129,5$ und $-49,34$

f) $721,45$ und $-49,83$

g) $-0,034$ und $8,39$

h) $19,68$ und $-16,89$

j) $-43,5$ und $-43,5$

k) $-12,040$ und $12,400$

3. Vervollständigen Sie die Tabelle.

a	b	c	a + b − c	a · b − c	a + b + c	(b + c) : a
−18	9	−12				
8,5	−14,2	9,4				
13,0	−5,0	−4,0				
−9	15	−6				
121	7	18				
3,5	−21	4,75				
−11	11	−11				
0,4	−0,3	−0,35				
−0,03	0,305	0,04				
−0,75	−0,5	−0,2				
$\frac{1}{2}$	$-\frac{3}{4}$	$\frac{1}{4}$				
$-\frac{3}{10}$	$\frac{3}{8}$	$-\frac{7}{5}$				

4. Lösen Sie unter Beachtung der Rechenregeln.

a) $129 + (-3,5) \cdot 14$

b) $31\,246 : (-4) + 21$

c) $-0,75 + (-0,5) \cdot 0,3$

d) $1\,239 - 217 : (-2)$

e) $-12 \cdot 16 - (-21)$

f) $\dfrac{1}{3} - \dfrac{2}{3} \cdot \left(-\dfrac{3}{3}\right)$

5. Lösen Sie die Aufgaben und tragen Sie die Ergebnisse auf einem Zahlenstrahl ab.

a) $125,5 - 126$

b) $12\,483 - 12\,480$

c) $-\dfrac{1}{2} + \left(-\dfrac{1}{3}\right)$

d) $-9,5 + 12$

e) $28,4 - 26,9$

f) $134 - 137$

6. Lösen Sie die Aufgaben und ordnen Sie die Ergebnisse der Größe nach. Beginnen Sie mit der kleinsten Zahl.

a) $-14 + 31 \cdot (-3)$

b) $12,5 + (-17) - 4,5$

c) $-149 \cdot (-2) + 18 - 334$

d) $\dfrac{3}{4} - \dfrac{1}{2} \cdot \dfrac{1}{4} + \left(-\dfrac{3}{4}\right)$

e) $120 : (-2) \cdot (-4) + 21$

f) $45 - 29 + (-12) \cdot 3 + 18$

g) $19,5 + (-21) \cdot 15 : 8 - 7$

h) $0,5 - 0,25 \cdot (-0,75) + 2,5$

7. Lösen Sie die Kettenaufgaben. Versuchen Sie zuerst die Aufgaben im Kopf zu rechnen.

a) $5 + 8 - 9 + 4 - 3 - 5 + 6$

b) $21 + 64 - 92 - 18 + 12 - 31$

c) $100 + 210 - 250 + 300 - 420$

d) $2\,400 + 2\,500 - 3\,000 + 1\,500 - 3\,500$

e) $10\,000 + 15\,000 - 12\,500 - 10\,500 + 11\,000$

f) $2 - 9 + 4 - 7 - 4 + 3 - 5$

g) $78 - 54 + 11 + 90 + 17 - 15$

h) $650 - 310 + 250 - 400 + 150$

j) $5\,000 - 2\,500 + 1\,500 - 2\,000 + 4\,200$

k) $20\,000 - 10\,000 + 12\,000 - 15\,000 + 13\,000$

8. Wie lauten die Ergebnisse?

a) $12\,492 : (-18)$

b) $-38 \cdot 12$

c) $-64\,822 : (-4)$

d) $136 \cdot (-17)$

e) $-528 : (-12,5)$

f) $138 \cdot (-14)$

g) $-8\,379 : 19$

h) $-349 \cdot (-21)$

8 Gleichungen und Formeln

8.1 Umformung von Gleichungen

In der Berufsausbildung werden Ihnen Gleichungen und Formeln in vielen Varianten begegnen. Die Gleichungs- und Formelumstellung zählt daher zu den ganz wichtigen Themen der Berufsvorbereitung. Zum Beginn sind drei wichtige Begriffe zu klären:

Eine Variable ist ein Buchstabe, der für eine unbekannte Zahl steht, z. B.: x; y; z; a; b; c

Variable

Ein Term ist eine logische mathematische Verbindung, z. B.: $3 + x$; $a - b$; $4 \cdot y$; $12 : 3$

Term

Eine Gleichung setzt sich aus zwei Termen, die durch ein Gleichheitszeichen verbunden sind, zusammen, z.B.: $3 \cdot x = 15 - 3$; $a + b = b + c$; $4 \cdot 4 = 12 + 4$

Gleichung

Bei einer Gleichung herrscht das Waageprinzip, das heißt, beide Seiten des Gleichheitszeichens sind auch gleich groß. Daraus folgt: Wird die eine Seite der Gleichung verändert, muss auch die andere Seite auf die gleiche Weise verändert werden.
Um das Verständnis zu erleichtern, wird der Rechenweg im Folgenden umgangssprachlich beschrieben und auf die mathematischen Fachtermini verzichtet.

Zuerst werden die Gleichungen in den Beispielen so umgestellt, dass die Variable x auf der linken Seite allein übrig bleibt.

Beispiel

Beispiel 1:

$x + 18 = 34$ Alle Variablen und Zahlen können mit der entgegengesetzten Rechenoperation die Seiten des Gleichheitszeichens wechseln.

$x + 18 = 34$ $| -18$ Zahlen ohne Variablen kann man zusammenfassen.
$x = 34 - 18$
$x = 16$

Probe:
$16 + 18 = 34$ Ergebnisse werden durch die Probe überprüft.
$34 = 34$

Beispiel

Beispiel 2:

$$5 \cdot x + 12 - 4 \cdot x = 17$$
$$x + 12 = 17$$
$$x + 12 = 17 \qquad |-12$$
$$x = 5$$

Zahlen mit gleichen Variablen kann man zusammenfassen.
Zahlen ohne Variablen kann man zusammenfassen.

Probe:
$$5 \cdot 5 + 12 - 4 \cdot 5 = 17$$
$$25 + 12 - 20 = 17$$
$$17 = 17$$

Ergebnisse werden durch die Probe überprüft.

Beispiel

Beispiel 3:

$$4 \cdot x + 8 \cdot x + 2 + 6 = 7 \cdot 7 + 43$$
$$12 \cdot x + 8 = 49 + 43$$
$$12 \cdot x + 8 = 92$$
$$12 \cdot x + 8 = 92 \qquad |-8$$
$$12 \cdot x = 84 \qquad |:12$$
$$x = 7$$

Zahlen mit und ohne Variablen kann man auch gleichzeitig zusammenfassen.

Probe:
$$4 \cdot 7 + 8 \cdot 7 + 2 + 6 = 7 \cdot 7 + 43$$
$$28 + 56 + 8 = 49 + 43$$
$$92 = 92$$

Ergebnisse werden durch die Probe überprüft.

Beispiel

Beispiel 4:

$$5 \cdot x + 4 = 3 \cdot x + 15 + 7$$
$$5 \cdot x + 4 = 3 \cdot x + 15 + 7 \qquad |-3 \cdot x$$
$$5 \cdot x - 3 \cdot x + 4 = 15 + 7 \qquad |-4$$
$$2 \cdot x = 15 + 7 - 4 \qquad |:2$$
$$x = 18 : 2$$
$$x = 9$$

Finden sich auf beiden Seiten Variablen, so müssen sie auf einer Seite gesammelt werden.

Probe:
$$5 \cdot 9 + 4 = 3 \cdot 9 + 15 + 7$$
$$45 + 4 = 27 + 15 + 7$$
$$49 = 49$$

Ergebnisse werden durch die Probe überprüft.

Achtung!

Es ist üblich, dass auf das Multiplikationszeichen zwischen einer Zahl und einer Variablen verzichtet wird, z. B. $5x$ statt $5 \cdot x$. Dies wird daher auch in den folgenden Aufgaben der Fall sein.

Anwendungsaufgaben

1. Stellen Sie die Gleichungen nach der Variablen um.

   a) $10y + 20 = 10$ e) $6m + 1 = 79$ j) $4x + 118 = 202$
   b) $83x - 593 = 652$ f) $27x + 8\,452 = 8\,776$ k) $7x + 64 = 92$
   c) $3a - 30 = 51$ g) $18s + 429 = 501$ l) $49b - 602 = 672$
   d) $49c - 1\,334 = 2\,733$ h) $15x + 18 = 153$ m) $21a - 53 = 84$

2. Stellen Sie für folgende Sachverhalte eine Gleichung auf und lösen Sie diese.

   a) Wenn Sie 9 zu einer Zahl addieren, erhalten Sie 122. Wie heißt die Zahl?
   b) Peter ist doppelt so alt wie Michael. Silke ist sechs Jahre älter als Peter. Zusammen sind sie 76. Wie alt ist jeder von ihnen?
   c) Addieren Sie zum 8fachen einer Zahl die Zahl 38, dann erhalten Sie 158. Wie heißt die gesuchte Zahl?
   d) Sie haben beim Einkaufen 25,00 EUR ausgegeben und haben jetzt noch 48,00 EUR. Wie viel Geld hatten Sie mitgenommen?
   e) Ein Vater ist dreimal so alt wie sein Sohn. Zusammen sind sie 60 Jahre alt. Wie alt sind Vater und Sohn?
   f) Es entsteht die Summe 566, wenn Sie vier aufeinander folgende Zahlen addieren. Wie heißen die Zahlen?
   g) Wenn Sie vom 6fachen einer Zahl ihr Doppeltes subtrahieren, so erhalten Sie ihr 4faches. Wie heißt die Zahl?

3. Stellen Sie die Gleichungen nach der angegebenen Variablen um. Kontrollieren Sie Ihre Ergebnisse durch die Probe.

   a) $5a + 12 - 3 + 6a = 97$ g) $17b - 4b + 5 = 44$
   b) $21 - 3 + 4x = 62$ h) $7z - 8 + 13 - 2z = 55$
   c) $148 - 9b - 11 + 2b = 95$ j) $15c + 21 - 3 + 17 = 95$
   d) $2y + 28 - 12 = 44$ k) $7z - 3z + 12 + 11 = 51$
   e) $5a + 6a - 20 = 35$ l) $48 + 2m + 17 - 3 + 15 = 107$
   f) $215 - 6x + 3x = 179$ m) $9a - 18 + 121 - 3a = 157$

4. Lösen Sie die Gleichungen und kontrollieren Sie die Ergebnisse durch die Probe.

   a) $8a + 14 + 9a = 5a + 30 + 12 - 4$ h) $10x - 50 + 25 = 5x + 25$
   b) $85 - 3y + 15 = 73 - 5y + 49$ j) $50 - 15 + 2c + 1 = 6c + 16$
   c) $32 + 6d + 12 - 8 = 38 + 38 - 4$ k) $170 - 2z + 3z - 60 = 150 - 2z + 2$
   d) $5a - 35 + 2a + 25 = 6a + 45 - 40$ l) $8z + 12 - 5 = 95 - 3z - 16 + 5$
   e) $13m + 28 = 10 \cdot 10 + 97$ m) $35 - 5b + 6 - 5 = 8b + 10 - 3b - 4$
   f) $50 - 4y + 22 = 20 + 20$ n) $5a + 17 = 2a + 44$
   g) $7x + 8 - 6 = 15 + 10 + 5$ o) $2b + 32 = 2 \cdot 25 + 6$

8.2 Formelumstellung

Das Umstellen von Formeln läuft analog zum Umstellen von Gleichungen.

1. Stellen Sie folgende bekannte Formeln nach den jeweils vorgegebenen Größen um.

a) l : $A = l \cdot b$ h) t : $v = \dfrac{s}{t}$

b) h : $A = \dfrac{g \cdot h}{2}$ j) a : $A = a^2$

c) $l_2; h$: $A = \dfrac{l_1 + l_2}{2} \cdot h$ k) r : $A = r^2 \cdot \pi$

d) $r; \pi$: $U = 2 \cdot r \cdot \pi$ l) a : $V = a^2 \cdot h$

e) b : $V = l \cdot b \cdot h$ m) b : $U = a + b + c$

f) p : $W = \dfrac{G \cdot p}{100}$ n) b : $U = 2 \cdot l + 2 \cdot b$

g) t : $Z = \dfrac{K \cdot p \cdot t}{100 \cdot 12}$ o) a : $U = 4 \cdot a$

2. Auch Formeln, die man nicht so gut kennt, lassen sich leicht umstellen, wenn man sich an die gelernten Regeln hält.

Probieren Sie es.

a) cm : $1\,\text{N} = \dfrac{1\,\text{kg} \cdot \text{cm}}{2}$ g) l : $V = b_m \cdot l \cdot t$

b) d : $a : b = c : d$ h) l : $M = F \cdot l$

c) p : $Z = \dfrac{K \cdot p \cdot t}{100\,\%}$ j) g : $F_g = m \cdot g$

d) d_2 : $b = \dfrac{d_1 + d_2}{4} \cdot \pi$ k) F_2 : $F_1 \cdot l_1 = F_2 \cdot l_2$

e) h : $V = \dfrac{A_G + A_O}{2} \cdot h$ l) t : $W = U \cdot l \cdot t$

f) d_1 : $d_m = \dfrac{d_1 + d_2}{2}$ m) A : $p = \dfrac{F}{A}$

1. Kakao wird abgefüllt: Wie viel Päckchen zu 225 g können aus einem Karton mit 2,5 kg abgefüllt werden?

2. Berechnen Sie den Dachraum des skizzierten Sattel-dachs in m³.

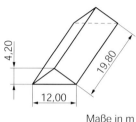

Maße in m

3. Ein Komposthaufen hat eine rechteckige Grundform. Er ist 9,8 m lang und 4,2 m breit. Sein Volumen beträgt 49,39 m³. Berechnen Sie seine Höhe.

4. Ein Auftrag soll von 13 Facharbeitern in 9 Tagen ausgeführt werden. Durch das Erkranken von Mitarbeitern kann die Firma nur 10 Facharbeiter einset-zen. Wie lange brauchen diese für die Arbeit?

5. Stellen Sie folgende Formeln nach den angegebenen Größen um.

   a) $a = \dfrac{b \cdot c}{d} - \dfrac{e}{y} =$ \qquad (y)

   b) $V = \dfrac{1}{3} \cdot \pi \cdot r^2 \cdot h$ \qquad (r und h)

6. Das abgebildete Baugrundstück soll verkauft werden.

   a) Berechnen Sie die Fläche des Grundstücks.
   b) Berechnen Sie den Preis, wenn der m² 48,55 EUR kostet.

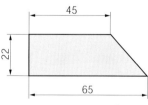

Maße in m

7. Familie Deckert geht einkaufen.

   Herr Deckert kauft: 4 Packungen Eis zu je 3,46 EUR
   2 Säcke Kartoffeln zu je 1,79 EUR
   5 Packungen Saft zu je 1,52 EUR
   Frau Deckert kauft: 5 Fertiggerichte zu je 2,50 EUR
   2 Flaschen Wein zu je 6,40 EUR
   3 kg Äpfel zu 2,17 EUR je kg

   a) Wie viel EUR zahlen Herr Deckert bzw. Frau Deckert?

   b) Für wie viel EUR hat Familie Deckert eingekauft?

8. Ein Schreinerlehrling erhält für 40 Stunden einen Bruttolohn von 253,90 EUR. Wie viel EUR erhält er für 126 Stunden?

9. Ein Fundamentstreifen soll gegossen werden. Er soll eine Länge von 8,75 m, eine Breite von 24 cm und eine Höhe von 18 cm erreichen. Wie viel m^3 Beton muss der Bauherr anfordern?

10. Eine rechteckige Metallplatte ist 2,4 m lang und 2,2 m breit. Aus ihr werden rechteckige Stücke mit den Maßen 45 cm x 30 cm geschnitten.

    a) Wie viele Stücke können geschnitten werden?
    b) Wie viel dm^2 bleiben übrig?

11. Ein rechteckiges Grundstück mit den Maßen 65 m x 125 m soll mit einem Zaun versehen werden. Mit einer der kürzeren Seiten grenzt es an die Straße, hier soll ein Holzzaun gesetzt werden. Die anderen Seiten werden mit einem Drahtzaun versehen. Wie viel Meter von jeder Zaunart sind zu ziehen?

12. Ein Speicher für Getreide hat die Form eines Zylinders mit einem Radius von 14,5 m und einer Höhe von 6,5 m. Er ist zu $\frac{2}{3}$ gefüllt.

    a) Welches Volumen hat der Speicher? ($V = A_G \cdot h$)
    b) Wie viel m^3 Getreide befinden sich im Speicher?

13. Ein Tischler kauft für 1 675,50 EUR Schnittholz ein. Vom Verkäufer werden ihm 3,5 % Rabatt gewährt.

    a) Wie viel EUR macht der Rabatt aus? Wie hoch wird dadurch der Kaufpreis?
    b) Wie viel EUR muss der Tischler letztlich zahlen, wenn noch 16 % Mehrwertsteuer dazukommen?

14. Wie viel m³ Beton sind nötig, wenn 120 Betonteile zu je 12 dm³, 180 Beton-teile zu je 23 dm³ und 105 Betonteile zu je 9 dm³ hergestellt werden sollen?

15. Für den Bierausschank eines Gartenlokals ist folgende Abrechnung vorzu-nehmen: 186 Gläser zu je 0,4 l, 258 Gläser zu je 0,2 l und 121 Gläser zu je 0,5 l. Wie viel Liter Bier wurden rechnerisch ausgeschenkt?

16. Hendrik hat sich ein Eisengerüst für ein Aquarium gebaut und will nun die Glasscheiben einsetzen. Das Aquarium ist 75 cm lang, 45 cm breit und 45 cm hoch. Errechnen Sie die Größe der einzelnen Glasscheiben.

17. Ein Saal ist 42 m lang und $18\frac{1}{2}$ m breit. Der Bodenbelag für diesen Saal kos-tet 6 537,50 EUR. Wie teuer ist der gleiche Bodenbelag für einen Saal, der 25 m lang und $10\frac{1}{2}$ m breit ist?

18. Das Dach eines Hauses wird mit Kupferblech gedeckt. Es besteht aus zwei aneinander stoßenden Flächen, die je 9,80 m lang und 5,3 m breit sind.

   a) Wie viel m² Blech sind zu kaufen?
   b) Wie teuer wird das Material bei einem Preis von 11,50 EUR pro m² Blech?

19. Berechnen Sie das Volumen des abgebildeten Behälters.

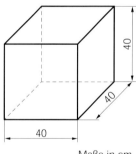

40
40
40

Maße in cm

20. Der Inhalt aus einem 500 Liter Weinfass soll in 0,7-l-Flaschen umgefüllt werden. Wie viele Flaschen können gefüllt werden?

21. Aus einem 5,4 m² großen Fichtenbrett wird die Deck-platte für einen Tisch gefertigt.

   a) Welche Größe hat die Tischplatte?
   b) Wie viel m² Verschnitt entstehen?

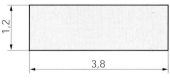

1,2
3,8

Maße in m

22. Berechnen Sie den Preis für 1 m² PVC-Wandbelag, wenn folgende Preise gelten:

a) $16\frac{4}{5}$ m² : 95,70 EUR

b) $45\frac{2}{3}$ m² : 442,61 EUR

c) $38\frac{1}{4}$ m² : 96,10 EUR

23. In einer mittelständischen Firma wurden folgende krankheitsbedingte Fehlstunden ermittelt:

Jan.: 380 h	Feb.: 440 h	März: 510 h	Apr.: 560 h
Mai: 400 h	Juni: 320 h	Juli: 300 h	Aug.: 270 h
Sep.: 330 h	Okt.: 410 h	Nov.: 550 h	Dez.: 515 h

Wie viele Krankmeldungen fallen durchschnittlich im Monat an?

24. Zeichnen Sie Quadrate mit den Seitenlängen von 2 cm, 3 cm, 4 cm, 5 cm und 6 cm.

a) Wie viel Einheitsquadrate mit 1 cm Seitenlänge passen in jedes der gezeichneten Quadrate?

b) Durch wie viel Einheitsquadrate mit einer Seitenlänge von 1 cm wird ein Quadrat mit der Seitenlänge von 10 cm, 100 cm oder 1 000 cm ausgefüllt?

25. Um einen Auftrag auszuführen, haben 5 Facharbeiter 16 Arbeitstage. Wie lange brauchen 8 Facharbeiter für die gleiche Arbeit?

26. Wie viel kg wiegt der Inhalt einer Einkaufstasche, wenn 2,3 kg Fleisch, 2,47 kg Kartoffeln, 750 g Apfelsinen, 1,5 kg Aufschnitt, 250 g Quark, 250 g Käse und 800 g Tomaten gekauft werden?

27. In 8 Stunden beizen 4 Auszubildende 168 Stühle. In wie viel Stunden beizen 6 Auszubildende 235 Stühle?

28. Bei einem Einkauf werden folgende Artikel gekauft:

1 Brot zu 2,18 EUR
4 Gurken zu je 0,91 EUR
2 Salami zu je 3,56 EUR
3 Tüten Milch zu je 0,60 EUR
4 Flaschen Bier zu je 0,55 EUR

a) Wie teuer wird der Einkauf?
b) Wie hoch ist das Wechselgeld, wenn Sie mit 100,00 EUR bezahlen?

29. Aus einem Fass mit 0,38 hl werden 91 Gläser mit 0,2 l und 49 Gläser mit 0,4 l gezapft. Berechnen Sie den Schankverlust in Litern.

30. Ein Rezept für Königsberger Klopse für 6 Personen schreibt folgende Mengen vor:

    400 g Rindfleisch, 650 g Zwiebeln, 2 Brötchen, 1 Ei, 30 g Fett, 20 g Mehl, $\frac{3}{4}$ Glas Kapern, $\frac{1}{4}$ Teelöffel Salz.

    Berechnen Sie die benötigten Mengen, wenn für 14 Personen gekocht werden soll.

31. Der Greifer eines Krans fasst 630 dm^3 Schutt. Wie oft muss er zufassen, wenn 36 m^3 Schutt bewegt werden sollen?

32. Eine Hotelfachfrau hat einen Bruttolohn von 1 670,50 EUR. Von ihrem Lohn werden 28,5 % für Steuern und Versicherungen abgezogen. Wie viel EUR bekommt sie ausgezahlt?

33. Der Vorarbeiter einer Baufirma kauft 64 Paletten Kalksandsteinziegel für einen Preis von 3 510, 50 EUR. Wie viel EUR werden der Baufirma für 52 Paletten der gleichen Ziegelart berechnet?

34. In einer Gärtnerei sind 240 m^2 Feld umzugraben. Dazu haben die Gärtner 3 Tage Zeit. Am ersten Tag wird $\frac{1}{3}$ der Fläche umgegraben, am zweiten Tag schafft man die Hälfte der noch verbliebenen Fläche: Wie viel m^2 wurden täglich umgegraben?

35. Die Zeit vergeht.

    a) Rechnen Sie in Wochen um: 7 Tage, 36 Tage, 105 Tage, 21 Tage
    b) Rechnen Sie in Tage um: 48 h, 720 h, 24 h, 192 h
    c) Rechnen Sie in Stunden um: 3 Tage, 2 Wochen, 5 Tage, 1,5 Jahre

36. Wie groß ist die Anzahl der Flächen?

10 Lernsituationen

In diesem Kapitel werden einige Situationen dargestellt, die als Projekt ausgebaut oder als Spielsituation gestaltet werden können.

10.1 Im Lohnbüro

Idee:

Es werden Monatslöhne für verschiedene Berufsgruppen ausgerechnet (brutto und netto).

Ziel:

– Anwendung der Prozentrechnung
– Informationen über Steuern und Sozialabgaben sammeln
– Rechnen in Aufgabensystemen

(Übergreifend zu den Fächern Sozialkunde, Wirtschaftskunde, Informatik und Deutsch.)

Monatsabrechnung

Erstellen Sie den Monatslohn (brutto und netto) für folgende Mitarbeiterbeispiele. Die prozentualen Abzüge sind für alle Beispiele wie aufgelistet gleich.

Arbeitslosenversicherung:	10 %
Lohnsteuer:	25 %
Krankenversicherung:	3,5 %
Rentenversicherung:	6,5 %

Maurer
9,50 EUR Stundenlohn
8 Arbeitsstunden an 5 Tagen in der Woche
1,5 Überstunden je Woche
12,5 % des Stundenlohns als Überstundenzuschlag

Kolonnenführer

10,80 EUR Stundenlohn
40 Stunden in der Woche
4 Überstunden je Woche
14 % vom Stundenlohn als Überstundenzuschlag
192,40 EUR Führungszuschlag

Fachwerker

8,05 EUR Stundenlohn
40 Stunden je Woche
2 Überstunden in der Woche
9,75 % vom Stundenlohn als Überstundenzuschlag

Maurer auf Montage

9,50 EUR Stundenlohn
40 Stunden in der Woche
3 Überstunden in der Woche
12 % vom Stundenlohn als Überstundenzuschlag
18,5 % vom Bruttolohn als Auslöse
10,5 % vom Bruttolohn als Verpflegungssatz

Maurer auf Montage (Ausland)

12,20 EUR Stundenlohn
40 Stunden in der Woche
5 Überstunden in der Woche
13 % vom Stundenlohn als Überstundenzuschlag
22,25 % vom Bruttolohn als Auslöse
10 % vom Bruttolohn als Verpflegungsgeld
11 % vom Bruttolohn als Taschengeld

(Alle angegebenen Beträge sind frei erfunden!)

10.2 Eine statistische Umfrage

Idee:

Die Schüler erarbeiten einen Fragebogen zu den Gewohnheiten ihrer Mitschüler. Die Bögen werden an die Mitschüler ausgegeben, wieder eingesammelt, ausgewertet und im Schulgebäude ausgehängt.

Ziel:

– Anwendung der Prozentrechnung und anderer Rechenoperationen
– Erstellung von Diagrammen
– Verbindung der Mathematik zur Realität

(Übergreifend zu den Fächern Deutsch, Gestaltung, Informatik, Gemeinschaftskunde).

Anregungen für einen Fragebogen

Themenkomplexe

Essgewohnheiten

Wie viele Schüler frühstücken?
Wie viele Schüler haben ein zweites Frühstück mit?
Wie viele Schüler nehmen an der Schülerspeisung teil?
usw.

Medieneinfluss

Wie viele Schüler besitzen ein Handy?
Wie viele Schüler besitzen ein Quix?
Wie viele Schüler sehen täglich mehr als 3 Stunden fern?
Wie viele Schüler leihen sich regelmäßig Videos aus?
usw.

Drogen

Wie viele Schüler rauchen wie viele Zigaretten pro Tag?
Wie viele Schüler trinken täglich Alkohol?
Wie viele Schüler haben regelmäßig einen Rausch?
usw.

Gewohnheiten und Ziele

Schlafgewohnheiten
Lerngewohnheiten
Methoden zum Stressabbau
Problemverhalten
Berufswünsche
Lebensziele

Auswertung

Für die Auswertung von Fragebögen sind verschiedene Varianten möglich. Am besten ist eine Frage auszuwerten, wenn vier bis fünf vorgegebene Antworten zur Auswahl stehen. Die Auswertung erfolgt über Mengenangaben, prozentual bezogen auf die Gesamtschülerzahl. Alle Fragebögen sind anonym.

10.3 Abrechnung mit dem Gast

Idee:

Es werden Gruppen gebildet, welche immer aus zwei bis drei Gästen und einem Restaurantfachmann bzw. einer Restaurantfachfrau bestehen. Ein bis zwei Schüler spielen den Geschäftsführer. Das Restaurantpersonal nimmt die Bestellung auf und rechnet den zu zahlenden Betrag aus, kassiert und gibt das Wechselgeld heraus. Die Gäste beurteilen Freundlichkeit und rechnerische

Richtigkeit mit Noten. Die Geschäftsführer erhalten Durchschläge und machen die Endabrechnung. Die Rollen werden regelmäßig getauscht.
Diese Spielsituation kann auch zu einem Projekt ausgebaut werden (Vorbereitung, kochen, servieren, Abrechnung, Ausstellung der Ergebnisse).

Variationen:

- Währung ändern
- Übung in einer Fremdsprache (z. B. Englisch)
- Raum als Restaurant gestalten
- Speisekarte anfertigen und gestalten
- Videoaufnahmen von den Schülern für die Auswertung machen

Ziel:

- Schnelles Kopfrechnen
- Rechnen unter Stress
- Wechselgeldrechnen und Kassensturz üben
- Spaß an der Spielsituation

(Übergreifend zu den Fächern Fremdsprachen, Informatik, Deutsch, Gestaltung, Floristik, Hauswirtschaft, Labor/Küche.)

10.4 Kostenvoranschlag

Idee:

Kostenvoranschläge können für verschiedene Bereiche ausgearbeitet werden. Sie umfassen eine Zeichnung, Informationen zu den Wünschen der Kunden und einen Kalkulationsbogen.

Ziel:

Dem Schüler wird ein umfangreiches Wissen abverlangt. Es reicht von den Grundrechenarten über Flächenberechnungen, Prozentrechnung bis hin zu Material- und Lohnberechnungen.

(Übergreifend zu den Fächern Fachzeichnen, Deutsch, Informatik.)

Beispiel 1: Gartenbau

A) Informationen

Entnehmen Sie die Maße der Skizze auf der nächsten Seite.
Berechnen Sie die Größe der zu bepflanzenden Fläche.
Es sollen Stiefmütterchen, Rosen, Nelken und Tulpen gepflanzt werden.
Jede Pflanze benötigt 60 cm^2 Wachstumsfläche.

B) Materialberechnung

Duch Witterung und Transport muss mit folgenden Verlusten gerechnet werden:

– Stiefmütterchen: –
– Rosen: 3,5 %
– Nelken: 2 %
– Tulpen: 2,5 %

Preise der Pflanzen

– Stiefmütterchen: 0,89 EUR/Stk.
– Rosen: 2,00 EUR/Stk.
– Nelken: 1,28 EUR/Stk.
– Tulpen: 1,38 EUR/Stk.

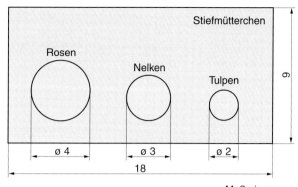

Maße in m

C) Lohnkosten

Die Arbeitszeit wird mit 5 Tagen zu je 8 Stunden berechnet.

Es kommen 1 Gärtner mit einem Stundenlohn von 10,00 EUR und 4 Hilfskräfte mit einem Stundenlohn von 4,92 EUR zum Einsatz.

D) Nebenkosten

Der ausführende Gartenbaubetrieb setzt 2 Fahrzeuge ein. Für jedes Fahrzeug wird eine Kilometerpauschale von 0,60 EUR berechnet.

E) Rechnungsbetrag

Es wird eine Mehrwertsteuer von 16 % erhoben. Der Käufer erhält einen Rabatt von 3,5 %.

Beispiel 2: Gartenbau

Es wird in Gruppen mit jeweils zwei Schülern gearbeitet. Ein Schüler spielt den Kunden und der andere Schüler den Anbieter. Es stehen sowohl für den Kunden, als auch für den Anbieter verschiedene Fakten zur Auswahl.

Kunde	Anbieter
Grundflächen Flächen zum Einlegen Pflanzensorten Entfernung zur Gartenbaufirma	Qualifikation der Mitarbeiter Kilometerpauschale Anzahl der Fahrzeuge Preisnachlass

Grundflächen
– Rechteck   16 m x 9 m
– Quadrat   12,5 m

Flächen zum Einlegen in die Grundflächen
– Dreieck $g = 3$ m; $h = 4$ m
– Kreis $r = 3$ m
– Quadrat $a = 4$ m
– Rechteck $l = 2,5$ m; $b = 3,5$ m

Pflanzensorten

Pflanzen	Wachstumsfläche (dm²)	Verluste (%)	Preise (EUR/St.)
Rosen	60	5	2,00
Agaven	120	7	3,35
Stiefmütterchen	50	1,5	0,66
Sträucher	100	2	5,89
Tannen	230	–	20,00
Nelken	80	2	0,89
Bodendecker	100	–	1,53
Stachelbeeren	150	1	13,64
Obstbäume	250	–	16,66

Entfernungen für eine Strecke

- 14 km
- 21 km
- 65 km
- 18,5 km

- 12 km
- 36 km
- 50 km
- 17,0 km

Arbeitsdauer (8 Stunden je Arbeitstag)

- 5 Tage
- 8 Tage
- 10 Tage

- 11 Tage
- 15 Tage
- 20 Tage

Fahrzeuge

- 1 Fahrzeug bis 400 Pflanzen
- 2 Fahrzeuge bis 300 Pflanzen und zusätzlich Bäume
- 1 weiteres Fahrzeug bei mehr als 3 Arbeitskräften

Arbeitskräfte

- bis 5 Tage: 2 Landschaftsgestalter, 4 Gärtner, 6 Hilfskräfte
- bis 10 Tage: 1 Landschaftsgestalter, 4 Gärtner, 4 Hilfskräfte
- bis 15 Tage: 5 Gärtner, 3 Hilfskräfte
- bis 20 Tage: 1 Gärtner, 5 Hilfskräfte

Lohnkosten

- Landschaftsgestalter   11,25 EUR Stundenlohn
- Gärtner   7,10 EUR Stundenlohn
- Hilfskräfte   5,40 EUR Stundenlohn

Nebenkosten

- Kilometerpauschale   0,56 EUR oder 0,58 EUR oder 0,67 EUR
- Mehrwertsteuer   16 %
- Rabatt   2 % oder 3,5 % oder 4 % oder 2,5 %

Formelverzeichnis

1. Punktrechnung geht vor Strichrechnung.

2. Rechenausdrücke in Klammern haben Vorrang vor allen anderen Rechenausdrücken.

Bruchrechnung

1. Addition: 1. Hauptnenner suchen (kleinstes gemeinsames Vielfaches)

        2. Zähler erweitern

        3. erweiterte Zähler addieren und Hauptnenner übernehmen

$$\text{z. B. } \frac{3}{4} + \frac{5}{6} = \frac{9+10}{12} = \frac{19}{12}$$

2. Subtraktion: 1. Hauptnenner suchen (kleinstes gemeinsames Vielfaches)

        2. Zähler erweitern

        3. erweiterte Zähler addieren und Hauptnenner übernehmen

$$\text{z. B. } \frac{4}{3} - \frac{2}{4} = \frac{16-6}{12} = \frac{10}{12}$$

3. Multiplikation: 1. Zähler · Zähler

        2. Nenner · Nenner

        3. eventuell kürzen

$$\text{z. B. } \frac{2}{3} \cdot \frac{3}{6} = \frac{6}{18} = \frac{1}{3}$$

4. Division: 1. Zähler : Zähler

        2. Nenner : Nenner

        3. eventuell kürzen

$$\text{z. B. } \frac{15}{6} : \frac{3}{2} = \frac{5}{3}$$

5. Kürzen: Zähler und Nenner werden durch die gleiche natürliche Zahl dividiert.

z. B. $\dfrac{6}{12} \overset{\backslash 3/}{=} \dfrac{2}{4}$

6. Erweitern: Zähler und Nenner werden mit der gleichen natürlichen Zahl multiplziert.

z. B. $\dfrac{2}{4} \overset{\backslash 3/}{=} \dfrac{6}{12}$

Dreisatz

1. Proportionaler (einfacher) Dreisatz

je mehr,   desto mehr
je weniger,   desto weniger

2. Antiproportionaler (umgekehrter) Dreisatz

je mehr,   desto weniger
je weniger,   desto mehr

Prozentrechnung

1. Prozentwert (W)

Formel: $W = \dfrac{G \cdot p}{100 \ \%}$

einfacher Dreisatz: gegebene Einheit $\triangleq$ 100 %
$x \triangleq$ gegebene Prozente

2. Prozentsatz (p)

Formel: $p = \dfrac{W \cdot 100 \ \%}{G}$

einfacher Dreisatz: 100 % $\triangleq$ gegebene Einheit
x % $\triangleq$ gegebene Einheit

3. Grundwert (G)

Formel: $G = \dfrac{W \cdot 100 \ \%}{p}$

einfacher Dreisatz: gegebene Einheit $\triangleq$ gegebene Prozente
$x \triangleq$ 100 %

4. Gesenkter Grundwert
100 % – Senkung = gesenkter Grundwert

5. Erhöhter Grundwert
100 % + Erhöhung = erhöhter Grundwert

Zinsrechnung

1. Zinsen allgemein

$$Z = \frac{K \cdot p}{100}$$

2. Jahreszinsen

$$Z_J = \frac{K \cdot p \cdot J}{100}$$

3. Monatszinsen

$$Z_m = \frac{K \cdot p \cdot m}{100 \cdot 12}$$

4. Tageszinsen

$$Z_t = \frac{K \cdot p \cdot t}{100 \cdot 360}$$

5. Kapital

$$K = \frac{100 \cdot Z}{p}$$

6. Zinssatz

$$p = \frac{100 \cdot Z}{K}$$

Umfang, Fläche, Volumen

Quadrat

$A = l^2$
$U = 4 \cdot l$

Würfel

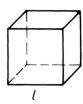

$V = l^3$
$V = l \cdot l \cdot l$

Rechteck

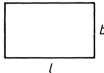

$A = l \cdot b$
$U = 2 \cdot l + 2 \cdot b$

Quader

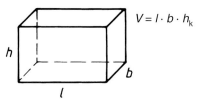

$V = l \cdot b \cdot h_k$

Dreieck

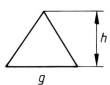

$A = \frac{g \cdot h}{2}$

$U =$ Summe aller Seiten

Dreiecksprisma

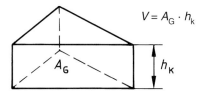

$V = A_G \cdot h_k$

Kreis

$$A = r^2 \cdot \pi$$
$$A = \frac{\pi}{4} \cdot d^2$$
$$U = 2 \cdot r \cdot \pi$$

Kugel

$$V = \frac{4}{3} \cdot r^3 \cdot \pi$$

Trapez

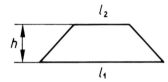

$$A = \frac{l_1 + l_2}{2} \cdot h$$
$$U = \text{Summe aller Seiten}$$

$$V = A_G \cdot h_k$$

Rationale Zahlen

1. Addition: Summanden haben gleiche Vorzeichen

     1. Vorzeichen beibehalten

     2. Beträge addieren

     z. B. $2 + 4 = 6$

     Summanden haben verschiedene Vorzeichen

     1. Vorzeichen des betragsmäßig größeren Summanden nehmen

     2. Beträge voneinander subtrahieren

     z. B. $+ 4 - 2 = +2$

2. Subtraktion: Eine rationale Zahl wird subtrahiert, indem man die zu ihr entgegengesetzte Zahl addiert (es gelten die Regeln der Addition).

     z. B. $3 - 7 = 3 + (-7) = -4$
             $-8 - (-11) = -8 + 11 = 8$

3. Multiplikation: Faktoren haben gleiche Vorzeichen

    1. Vorzeichen des Ergebnisses +

    2. Beträge multiplizieren

      z. B. $3 \cdot 15 = 45$
           $-12 \cdot (-4) = 48$

    Faktoren haben verschiedene Vorzeichen

    1. Vorzeichen des Ergebnisses −

    2. Beträge multiplizieren

      z. B. $-9 \cdot 8 = -72$

4. Division: Dividend und Divisor haben gleiche Vorzeichen

    1. Vorzeichen des Ergebnisses +

    2. Beträge dividieren

      z. B. $24 : 8 = 3$
           $-30 : (-10) = 3$

    Dividend und Divisor haben verschiedene Vorzeichen

    1. Vorzeichen des Ergebnisses −

    2. Beträge dividieren

      z. B. $-120 : 3 = -40$

Bildquellenverzeichnis: Alle Fotos MEV